꿈을
살아내든지,
꿈만
꾸든지

일러두기

* 이 책에 나오는 나라별 환율은 여행 당시의 연도를 기준으로 작성했습니다.

697일 간의 세계일주, 그 후의 이야기

꿈을
살아내든지,
꿈만
꾸든지

송범석 지음

harmonybook

Prologue
20대가 될 나의 자식들에게

친한 친구의 결혼식 사회를 보고 나오던 27살의 어느 날, 나는 결혼에 대해 생각하기 시작했다. 막연하게 하루빨리 결혼을 하고 싶다는 부러움이 아닌 '나도 언젠가 결혼을 하겠지'라는 신기루였다. 대학 시절 경험한 결혼식 출장뷔페 아르바이트를 통해 결혼을 막연히 생각하고는 있었지만, 진지하게 고민해보기 시작한 것은 그때부터였다. 그렇게 내 인생에 '결혼'이라는 키워드가 들어왔다. 나는 자연스레 결혼식에 대한 로망을 꿈꾸고 아이들을 낳아서 가정을 꾸리는 꿈을 꾸게 됐다.

나는 아들만 셋을 낳고 싶다. 그 이유는 네팔의 히말라야 ABC(안나푸르나 베이스캠프) 트레킹을 통해 가족들이 함께 트레킹을 하는 모습을 인상 깊게 봤기 때문이다. 그로 인해 자식들이 포터(짐꾼)가 되어 짐을 들고 가족이 함께 트레킹 하는 것을 꿈꾸게 됐다. 그게 아들만 셋을 낳고 싶다는 이유다.

꿈을 꾸다 보니 자연스레 앞으로 태어날 아이들의 이름까지 생각했다. 첫째는 '서로'이다. 믿음에서 믿음으로 자라, 첫째로서 동생들을 책임지고 챙기라는 의미다. 셋째는 '라온'이다. 라온은 '즐거운'이라는 뜻을 가진 순우리말로, 이름처럼 즐겁게 인생을 살기를 바란다. 둘째 이름은 정해놓지 않았다. 둘째는 배우자가 짓기를 바란다. 자식은 나 혼자가 아닌 우리가 같이 낳고 키우는 것이니까. 내가 둘째 이름까지 짓는다면 너무 '답정너'가 아닐까?

 그렇게 태어난 아이들이 20대가 되었을 때, 자식들에게 20대에만 느낄 수 있는 설렘을 일깨워주고 싶다. 20대를 표현하는 수식어는 많지만 나에게 20대는 첫사랑과 같은 설렘이었다. 하지만 그것을 20대에는 알지 못했다. 30대로 들어가는 문턱에서 돌아보니, 알게 된 '설렘'이었다. 정말 가능성이 많고 기회는 늘 열려 있으며 언제든 도전이 가능한 시기. 누구에게나 한 번은 찾아오는 설렘의 시기, 20대.

 나의 20대는 3개의 테마로 이뤄져 있다. 세계일주, 세계일주 후의 이야기, 끝으로 중국 상해에서 인턴을 하며 보낸 시간들. 해외를 돌아다니며 경험한 추억과 생각들이, 현재 나의 모습이자 내가 미래에 꿈꾸는 모습의 원천이 되었다. 훗날 내 자식들도 다양한 추억으로 가득 찬 20대를 보내어, 그 설렘의 씨앗들이 일생의 꿈으로 이어지길 바란다.

 이 책은 내 자식들이 20대의 문턱에 들어섰을 때, 선물해주고 싶다. 아버지의 20대는 이러했다고 하면서, 아버지는 20대에 이런 생각을 가지고 살았다고. 너만의 20대를 만들어가길 바란다고. 그래서 나는, 20대의 마지막이자 30대의 시작인 29살에 첫 집필을 시작한다. 자식들에게 들려줄 나의 20대의 추억들을 회상하며.

                    2018.9.19 내 방에서 첫 프롤로그를 작성하며.

Prologue 20대가 될 나의 자식들에게 004

1부 하늘을 지붕 삼고, 땅을 이불 삼아

Part 1 여행의 시작, 버킷 리얼라이저

#1 나의 색을 찾고 싶었다 015

#2 6개월간, 3,000만 원 벌기 019

#3 발리에서 맛본, 1박 2일 신혼여행 023

#4 린자니 산에서 꾼 꿈, 웨딩 이벤트 025

#5 산 페르민 축제, 엔시 에로에서 미친 듯이 달려야 살 수 있다? 028

#6 라 토마티나 축제, 축제의 시작은 축제가 끝나고 나서 시작된다 031

#7 새가 되던 순간, 프라하 스카이다이빙 034

#8 노후를 보내고 싶은 도시, 포르토 036

#9 신혼여행지는, 둘만의 역사가 시작될 산토리니로 039

#10 네덜란드, 홍등가 그리고 마리화나가 합법인 나라 042

#11 루마니아에서 느낀 엄마의 정, 리디아 아줌마 045

#12 지상낙원에서 이룬 버킷리스트, 누드사진 050

#13 사람으로 맺어진, 히말라야 트레킹 055

#14 스쿠버 다이빙의 호버링, 양수 속 태아의 편안함 058

#15 지구상의 지옥 다나킬, 눈앞에서 펼쳐진 마그마 061

#16 다이내믹했던 1,479km 아프리카 히치하이킹 066

#17 머리의 끝판왕 레게머리, 드레드락을 하다 071

Part 2 여행지에서 겪은 다사다난한 사건사고

#1 세계여행의 신고식, 소매치기 075

#2 소매치기범을 발견하다, CCTV 입수 079

#3 적반하장의 관광 경찰서, 분실 신고서를 못 내준다? 081

#4 유럽의 발코니에서 노숙자로 쫓겨나다 084

#5 부다페스트 야경을 보며, 눈물을 훔치다 088

#6 텐트가 선물한 뜻밖의 운치, 물안개 낀 할슈타트 091

#7 세븐 레이크에서 만난 천사, 죽다 살아나다 094

#8 자연은 그대로 봐야 하며, 여행은 풍경보다 추억과 경험이지 099

#9 이슬람 국가(IS)에 납치당하다? 102

#10 이집트 사기 투어의 실체, 양두구육(羊頭狗肉) 108

#11 나에게 사기 친 투어 매니저, 역공격하다 111

#12 그래서, 이집트는 어땠어? 114

#13 깔라마의 오물 소매치기, 골든 미닛 1분 116

Part 3 여행이 던진 물음, 사색

#1 43시간의 베트남 기차여행, 여행은 여행으로 치유한다 121

#2 섹슈얼 컬처 쇼크(Sexual Culture Shock), 성인 서커스 '초상화 그리기' 124

#3 사람 냄새나던 97시간의 시베리아 횡단 열차 탑승기 128

#4 삶과 죽음, 상념의 도시 바라나시 134

#5 두 얼굴의 도시, 뭄바이 137

#6 킬리만자로가 나를 부른다 140

#7 킬리만자로 정상에서 10년 뒤 나에게 보내는 편지 143

#8 Why we do this? 우리는 왜 킬리만자로 등반을 할까? 149

#9 마사이족을 통해 본 아프리카 교육, 삶을 바꾸는 잠재적 기회 152

#10 여행이 아름답게 살찌고 세상이 아름다워지는 이유, '길바닥 티켓' 154

#11 900년간 잠들었던 데드 블레이(Dead Vlei)가 들려주는 이야기 159

#12 은하수가 가로지르던 우유니 사막, 여지를 두고 오다 170

Part 4 회고록

#1 직접 해보지 않고서는 그 누구도 결과를 알지 못한다 176

#2 하기 싫은 일도 해야 하는 이유 179

#3 여행을 통해 시야를 넓힌다는 의미 181

#4 자신감의 커리어를 쌓아라! 184

#5 동행에 필요한 한 가지 187

#6 그럼, 어디가 정말로 좋았니? 189

#7 결국, 너의 색은 무엇이니? 191

#8 '내가 성장할 수 있을까?'라는 걱정으로, 여행을 머뭇거리는 이들에게 193

#9 끝으로, 나에게 여행이란? 195

2부 세계일주, 그 후 2년간의 이야기

#1 강연 : 공허함을 채워줄 보람 198

#2 길바닥 티켓, 아프리카 : 글로벌 사회 공헌 프로젝트 202

#3 아나운서 vs 상해 인턴십 205

3부 상해일지, 인생의 새로운 테마 중국

#1 그래서 나름, 28살의 상해 생활이 훈훈했다 212

#2 씨트립(Ctrip), 인턴을 시작하기까지의 고뇌 215

#3 씨트립, 다양한 국제화 프로젝트에 참여하다 218

#4 중국의 공유경제를 피부로 느끼다 220

#5 나의 낭만, 게스트하우스 222

#6 일생의 꿈, 더 이터널 모멘트 호텔(The Eternal Moment Hotel) 226

Epilogue 30대를 시작하며 인생의 청사진을 그려본다 229

1부

하늘을 지붕 삼고, 땅을 이불 삼아

한국 사람들은 초중고를 졸업하고 바로 대학에 진학한다. 대학을 졸업한 후에는 취업과 함께 첫 사회생활을 시작한다. 그다음은 결혼을 하고 자식을 낳고 살아간다.

'사람의 라이프 스타일이라는 것이 이렇게 방정식처럼 다 똑같은 것일까?'

대한민국에서 청소년기를 보낸 사람은 고등학교까지 같은 입시교육을 받고 자란다. 그렇다고 모두 같은 생각, 같은 꿈을 꾸지는 않는다. 전부 각자만의 특색이 있는 사람들이니까.

'하지만 우리는 왜, 점점 살면서 사회가 요구하는 스펙이라는 색깔에 자신의 색을 맞춰가는 걸까?'

'나의 색을 유지하면서 살아갈 수는 없는 걸까?'

'해외에 있는 사람들의 라이프 스타일은 어떨까?'

외국인과 이런 주제로 한 번 이야기를 나눠보고 싶었다. 다른 세상을 보고 오면, 적어도 내 색이 무엇인지는 찾을 수 있을 것 같았다. 이렇게 세계일주를 결심했다. 하늘을 지붕 삼고 땅을 이불 삼아, 세계를 돌며 그것들을 가슴에 품고 싶었다.

여행에서 돌아오고 나서, 과연 나는 나의 색을 찾았을까?

697일간의 세계일주 루트

❶ 호주	⓲ 오스트리아	㉟ 요르단
❷ 인도네시아	⓳ 스위스	㊱ 이스라엘
❸ 싱가포르	⓴ 스페인	㊲ 이집트
❹ 말레이시아	㉑ 모로코	㊳ 에티오피아
❺ 태국	㉒ 스페인	㊴ 케냐
❻ 캄보디아	㉓ 포르투갈	㊵ 탄자니아
❼ 베트남	㉔ 이탈리아	㊶ 말라위
❽ 스페인	㉕ 그리스	㊷ 잠비아
❾ 프랑스	㉖ 터키	㊸ 보츠와나
❿ 영국	㉗ 불가리아	㊹ 나미비아
⓫ 아이슬란드	㉘ 루마니아	㊺ 남아프리카공화국
⓬ 네덜란드	㉙ 우크라이나	㊻ 브라질
⓭ 벨기에	㉚ 러시아	㊼ 아르헨티나
⓮ 룩셈부르크	㉛ 몽골	㊽ 칠레
⓯ 독일	㉜ 중국	㊾ 볼리비아
⓰ 체코	㉝ 네팔	㊿ 페루
⓱ 헝가리	㉞ 인도	51 한국

Part 1
여행의 시작, 버킷 리얼라이저

아무런 기준 없이 2년간 해외여행을 다니지는 않았다. 내 나름의 기준인, 테마가 있었다. 내 여행 테마는 바로 '버킷 리얼라이저'였다. 이 용어가 참으로 생소할 수 있다. 내가 만들어낸 용어이기 때문이다. 버킷리스트(Bucket list), 인생을 살면서 하고 싶은 것들의 리스트다. 하지만 계획은 계획으로 끝나는 경우가 참 많다. 그래서 계획이 꼭 실현되자는 의미를 강조하기 위해서 버킷리스트라는 용어에, 실현하는 사람이라는 뜻을 가진 리얼라이저(Realizer)를 덧붙여 버킷 리얼라이저라는 용어를 만들었다. 한마디로 버킷리스트를 실현하는 사람이라는 뜻으로, 나의 여행 테마이며 동시에 라이프 스타일에 가깝다.

"버킷 리얼라이저(Bucket Realizer) = 버킷리스트+리얼라이저"

즉, 버킷리스트를 실현하는 사람.

여행 중 만나는 사람들이 가끔 질문을 했다.

"범석 씨의 여행 테마는 무엇인가요?"

나는 다음과 같이 대답했다.

"나의 여행 테마는 버킷 리얼라이저입니다. 내가 하고 싶은 것들을 하면서 여행을 다니죠. 세계의 하늘을 지붕 삼고, 땅을 이불 삼으면서."

#1 나의 색을
       찾고 싶었다

"안녕하세요. 정말 반갑습니다. 저는 지구 한 바퀴 돈 놈, 버킷 리얼라이저 송범석입니다. 저는 2013년 10월부터 2015년 9월까지 2년간 48개국을 여행했습니다. 흔히 말하는 세계일주죠. 그런데 저는 세계일주라는 용어보다는 지구를 한 바퀴 돌았다는 표현이 더 정겨운 것 같아요. 그래서 오늘도 지구 한 바퀴 돈 놈이라는 콘셉트로 나왔습니다. 여러분 혹시 제가 몇 살인지 아시나요? 올해로 27주년을 맞이했습니다. 바로 27살이죠. 여행을 떠나야겠다고 결심한 지가…. 벌써 6년 전의 일이네요."

세계일주를 하고 여행을 주제로 모교에서 강연을 했다. 강연의 시작을 알리는 첫 챕터였다. 그 순간을 아직도 잊을 수 없다. 나의 20대를 기록하는 첫 키워드, 세계일주.

나는 재수를 해서 대학교에 들어왔다. 재수를 하던 시절에 친구들에게 들은 이야기로 대학교에 대한 낭만을 키웠다. 캠퍼스 커플이라는 CC. 잔디밭에 둘러앉아 먹는 낮술, 자유로운 대학 생활, 다른 학과와의 소개팅. 하지만 내가 갖고 있던 대학 생활의 낭만은 적어도 나에게는, 정말 낭만이었다.

남들은 쉽게 하는 CC. 나의 CC가 될 그분은 내년에 입학을 하는지 통보이질 않았다. 엎친 데 덮친 격으로, 하필 내가 입학한 년도에 우리 학

버킷 리얼라이저, 송범석

교는 새로운 캠퍼스로 이전을 했다. 낮술은커녕 그럴 만한 잔디밭도 없었다. 다른 학과와 소개팅을 주선해줄 능력자는 더더욱 없었다. 나의 산산조각 난 캠퍼스의 낭만은 다행히도 선배들의 도움으로 채워졌다. 선배들의 도움으로 신세계를 보았던 곳은 바로 클럽이다. 대학교 1학년 때 처음으로 접한 클럽에서의 가슴을 치는 그 빵빵한 사운드가 주는 충족감은 이루 말할 수 없이 좋았다. 그렇게 클럽을 알고 자주 다녔다. 대학 생활의 자유는 이런 것인 줄만 알았다.

자유로운 등하교, 친구들과의 술 한 잔 후 자연스럽게 이어지는 노래방, PC방, 당구장 혹은 클럽. 이 패턴의 무한반복! 하지만 쉽게 질리는 성격 탓에 이런 삶에 점차 흥미가 떨어지고 있었다. 나는 이렇게 대학 생활의 첫 1학기를 보냈다. 여타 다른 대학생처럼 중간고사를 보내고 기말고사 시즌을 맞이했다. 그리고 모교 도서관에 들어갔다.

도서관 문을 열고 들어가는 순간, 가슴이 딱 막혀왔다. 가만히 앉아서 주변을 둘러보니 사람들은 너무나도 열심히 공부를 하고 있었다. 동기들은 곧 시작될 기말고사를 위해서 시험공부에 몰두했고, 선배들은 취업에 필요한 토익과 스펙을 위한 자격증 공부에 집중하고 있었다. 그들을 보면서 내 머릿속을 스치는 생각은 딱 하나였다. '우와, 정말 열심히 공부하는구나! 나도 어서 빨리 공부해야지!'가 아닌, 그들에게는 미안하지만 '쳇바퀴를 도는 햄스터 같아'라는 생각이었다.

 한국 사람들은 초중고를 졸업하고 바로 대학에 진학한다. 대학을 졸업한 후에는 취업과 함께 첫 사회생활을 시작한다. 그다음은 결혼을 하고 자식을 낳고 살아간다.

 '사람의 라이프 스타일이라는 것이 이렇게 방정식처럼 다 똑같은 것일까?'

 나는 이렇게 같은 삶 말고 다른 라이프 스타일은 없는지 궁금해졌다.

 더불어 '나는 무엇을 좋아하고 잘하지? 앞으로 어떻게 살아가야 하지? 나는 행정학과인데 내가 공무원을 준비하는 것이 맞는 것일까? 그것을 하면 행복할까?'와 같은 정체성에 대한 고민이 들기 시작했다. 정체성, 나는 그것을 나만의 색이라고 표현했다.

 대한민국에서 청소년기를 보낸 사람은 고등학교까지 같은 입시교육을 받고 자란다. 그렇다고 모두 같은 생각, 같은 꿈을 꾸지는 않는다. 전부 각자만의 특색이 있는 사람들이니까.

 '하지만 우리는 왜, 점점 살면서 사회가 요구하는 스펙이라는 색깔에 자신의 색을 맞춰가는 걸까?'

 '나의 색을 유지하면서 살아갈 수는 없는 걸까?'

이런 고민 속에서 우연히 책 한 권을 읽게 됐다. 바로 김수영 작가의 《멈추지 마, 다시 꿈부터 써봐》라는 책이었다. 그 책을 보면 '이미 한국에서 내 지구별 인생의 3분의 1을 살았으니 두 번째 3분의 1은 세계를 돌아다니면서, 그리고 마지막 3분의 1은 내가 가장 사랑하는 곳에서 정착하자고 마음먹었다'라는 구절이 나온다. 이 구절을 읽고 해외를 경험해보고 싶어졌다. 처음으로 해외여행을 가야겠다고 결심했다. 그전에는 해외여행 자체를 생각해본 적도 없고 관심도 없었다. 심지어 외국을 왜 나가야 하는지도 알지 못했고 한 번도 나가본 적 없었다. 그런데 가보고 싶었다. 난생처음으로 해외여행이라는 것을.

　다른 세상을 보고 온다면 적어도 내 색이 무엇인지는 찾을 수 있을 것 같았다. 처음에는 미국과 중국, 이 두 군데의 나라만을 가려고 했다. 하지만 준비 과정에서 다른 나라들도 방문해보고 싶었다. 이왕 가는 여행, 남자답게 크게 해 보고 싶어서 세계일주를 결심했다. 바로 군대를 갔다 온 후, 2013년 10월에 친구들의 배웅을 받으며 세계일주의 첫발을 내디뎠다. 그렇게 세계로 출발한 나는 2년 뒤, 한국으로 들어왔다. 생각해보니, 난생처음으로 해외를 나가서 지구 한 바퀴를 돌고 왔다. 여행에서 돌아오고 나서, 과연 나는 나의 색을 찾았을까?

#2 6개월간, 3,000만 원 벌기

세계일주에 필요한 예상 경비는 3,000만 원이었다. 이 경비를 6개월 내로 모아야 했다. 모교의 휴학은 최대 2년이다. 내가 가고 싶은 여행지를 다 돌려면 최소 1년 6개월의 시간이 필요했다. 남은 6개월 안에 3,000만 원을 모아야 했다. 한국에서 2개의 아르바이트를 병행했지만 한계가 있었다. 그래서 나는 외노자의 길을 선택했다. 그 당시 환율이 높았던 호주로 워킹 홀리데이를 떠났다.(2013년 10월 당시, 매매기준율 기준으로 호주 1달러는 한화로 1,016원이었다)

돈을 버는 것이 목적이었기에, 첫날 시드니의 랜드마크 오페라 하우스만을 둘러보고 바로 일자리를 구했다. 도착한 지 이틀 만에 운 좋게 일자리를 구할 수 있었다. 하지만 호주 현지의 일이 아닌 한국인 가게에서 하는 일이었다. 시급은 13불(한화 약 13,000원)에 하루 최대 6시간만 일할 수 있었다. 이 돈으로 6개월에 3,000만 원을 모으는 것은 불가능했다. 다른 대책이 필요했다.

시드니의 게스트하우스에서 머물던 중, 도시 다윈에 대해 듣게 됐다. 호주 북서쪽에 위치한 다윈은 1년 내내 덥고 특히 습하다고 했다. 이런 특성상 사람들이 많이 살지 않고 한국인들도 별로 살지 않는다. 하지만 다윈은 카카두 국립공원과 리치필드 국립공원으로 가는 거점 도시이므로 관광도시로의 수요가 많다. 이러한 특성이 있기에 이곳은 상

호주 워홀 당시의 모습

대적으로 다른 도시에 비해 시급이 높다. 그래서 일을 구하더라도 대부분 호주 현지의 일을 구할 수 있다. 그래서 나는 일체의 망설임도 없이 호주 다윈으로 떠났다.

6개월에 3만 불(한화 약 3,000만 원)을 벌기 위해서는 한 주에 최소 1,000불(한화 약 100만 원)을 저축해야 했다. 이만큼의 돈을 모으기 위해서는 생활비를 제외하고 일주일에 최소 1,500불(한화 약 150만 원)을 벌어야 했다. 이 금액을 벌기 위해서 내가 생각한 것은 도시에서 두 가지 일을 하는 것이다. 그래서 나는 두 레스토랑에서 키친 핸드로 일을 시작했다.

첫 번째 레스토랑은 초밥집, 고스시다. 이력서를 내기 위해 여러 번 고스시를 찾았다. 웨이트리스에게 이력서를 줬지만 키친 핸드(식당 주방보조로, 주로 설거지와 기본 식자재를 손질한다)를 구하지 않는다는 소리만 듣고 나왔다. 그래서 웨이트리스가 아닌 바로 고스시 사장님에게 헤드 셰프를 만나고 싶다고 직접 얘기했다. 사장님께서 헤드 셰프를 바로 소개해 주었다. 운 좋게 고스시 헤드 셰프와 만남을 갖고 직접 이력서를 전달했다. 다음날, 다음 주에 출근하라는 연락을 받았다. 호주에서 일자리를 구하는 데 있어서, 호텔 매니저 또는 헤드 셰프를 직접 만나 이력서를 주는 것이 정말 중요하다는 걸 깨달은 순간이었다.

두 번째 레스토랑은 양식을 파는 덕츠너츠다. 같은 셰어 하우스에 살던 테디 형이 워킹 홀리데이를 끝내고 귀국하는 시점이었다. 내가 형의 일자리를 물려받게 되었다. 이게 바로 인맥의 중요성! 그렇게 물려받은 곳이 덕츠너츠 키친 핸드. 자신 있게 말하지만 이곳은 레스토랑 수준이 아니라 공장 수준의 페이를 준다. 아쉽게도 현재는 문을 닫았다.

그 당시, 덕츠너츠의 기본 시급은 23.16불(한화 약 23,000원)에 오버페이 시급은 37불(한화 약 37,000원)이었다. 키친 핸드를 2명만 쓰기 때문에 나는 한 주에 약 40~42시간 정도 일할 수 있었다. 오버타임은 한 주에 약 2~3시간 정도 받았다. 단순히 오전에 일하는 것만으로도 덕츠너츠에서만 택스 포함 주 1,000불을 벌었다.

고스시와 덕츠너츠에서 일을 하던 4개월 차, 고스시를 그만두게 됐다. 결정적인 이유 중 하나는 4개월간 일만 하다 보니 육체적으로나 심적으로 너무 지쳐 있다는 것을 느끼게 됐다. 일주일 중 평균 약 72시간을 설거지만 했으니 어찌 보면 당연한 일이었다. 돈을 많이 버는 것도 좋지만 개인 시간이 없으니 삶의 질은 확연히 떨어졌다. 남은 2개월 동안 덕츠너츠에서 일하며 6개월간의 워킹 홀리데이를 마무리했다.

나는 한 주에 평균 1,200불(한화 약 121만 원), 많게는 1,600불(한화 약 162만 원)을 4개월 동안 벌었다. 방값은 주 120불(한화 약 12만 원)이었고 식비와 기타 부대비용을 포함해서 한 주에 약 20~25불 정도(한화 약 2만~2만 5,000원)를 지출했다. 오전과 오후 전부 식당에서 일했기에 점심과 저녁이 다 해결되었다. 그 외 남은 돈은 모두 저축했다. 평균적으로 4개월간 한 주에 최소 1천 불을 저축했다. 그랬기에 2개월 동안 덕츠너츠에서만 일하며 주 700~800불(한화 약 71만~81만 원)을 저축해도 6개월간 3만 불을 모으는 데 큰 지장이 없었다. 호주 다윈을 가보면 알 수 있다. 돈을 쓸 곳이 별로 없다는 것을.

  6개월간 일하면서 세금으로 신고 된 금액만 총 3만2,480불(한화 약 3,300만 원)이다. 총 신고 된 세금 중, 내가 현금으로 받은 금액은 2만 5,000불이다. 신고 된 세금에서 환급 신청할 택스와 연금은 각각 택스 약 6,000불(한화 약 609만 원)과 연금 약 2천 불(한화 약 203만 원) 정도였다. 택스와 연금을 100% 환급받지는 못하지만, 환급받을 예상 금액과 보유 현금을 포함해서 6개월간의 3만 불 모으기를 달성한 것이다. 세계일주 경비를 다 모았으니, 이제 여행을 떠날 일만 남았다.

My portfolio		Top up your Pre-Paid Telstra or Optus mobile in NetBank now		
Nickname / Type	BSB / Awards	Account number	Account balance	Available funds
NetBank Saver ▾	06 2006	1181 4202	+ $0.11	+ $0.11
Smart Access ▾	06 2028	1100 8685	+ $499.40	+ $499.40
GoalSaver ▾	06 2692	1987 9218	+ $24,000.85	+ $24,000.85
GoalSaver ▾	06 2692	1996 0753	$0.00	$0.00
Total debits: $0.00		Total credits: + $24,500.36		Net position: + $24,500.36

호주 계좌 통장 잔고.(통장에 쌓인 현금 2만 5,000불(한화 약 2,540만 원). 현금 500불(한화 약 50만 원)은 다음 날 인도네시아 발리를 가기 위해 미리 출금해서 금액에 포함되지 않았다.

#3 발리에서 맛본,
1박 2일 신혼여행

호주에서 워킹 홀리데이를 끝내고, 첫 여행지인 인도네시아 발리로 향했다. 신혼여행지로 많이 가는 발리였기에 혼자서 가는 나의 기분은 매우 오묘했다. 그래도 내심 누군가를 만날 기대를 하면서 발리행 비행기에 탑승했다. 역시 공항에 내렸을 때 대부분의 사람은 커플이었다. 하지만 나의 레이더에 혼자 온 여성이 눈에 들어왔다. 그녀의 이름은 '서머(Summer)'였다.

나의 여행 스타일은 가서 볼 것들만 간단히 체크해 놓고 현지에 가서 대부분 해결하는 스타일이다. 그래서 발리에서 지낼 숙소도 전혀 예약하지 않은 상태였다. 밤늦게 도착한 발리 공항에서 노숙을 할 계획이었다. 하지만 발리 공항의 습함과 더위는 호주 다윈과 비슷했기에 불쾌지수가 살짝 상승했다.

동시에 여행의 시작을 새로운 인연과 같이해도 좋겠다는 생각으로 첫날 노숙을 하겠다는 계획은 저 멀리 날려 버렸다. 서머 양은 숙소를 모두 예약하고 왔다고 했다. 그렇게 우리는 함께 그녀가 예약한 호텔로 갔다.

다음 날 아침, 서머 양과 호텔 조식을 같이 먹으며 그날의 일정을 세웠다. 오전에 각자 볼일을 보고, 오후에 같이 울루와트 사원으로 향했다. 사원을 돌아다니며 곳곳을 구경하고 서로 사진을 찍어줬다. 석양을 보러 뷰 포인트로도 이동했다. 울루와트 석양은 아름답기로 발리에서 유명하다. 감동적인 일몰을 보며 함께 미래를 다짐하는 신혼부부들이 몇몇 보였다.

우리도 함께 넋을 놓고 석양을 바라봤지만, 생각은 각자 잠겼다. 같은 풍경을 보면서 서로 어떤 생각을 했는지는 묻지 않았다. 그 순간을 같이 했다는 것이 중요했다.

울루와트 사원 투어를 마치고 서머 양과 함께 저녁을 먹으러 갔다. 저녁을 먹으며 서로에 대한 이야기를 많이 한 것 같다. 지금 그 내용이 일일이 기억나지는 않지만, 한 부분은 명확히 기억난다.

서머 : 나중에 서로가 결혼하면 신혼여행으로 굳이 발리를 오지 않아도 될 것 같아요.

나 : 왜요?

서머 : 우리가 같이 다니며 했던 것들이 신혼부부들이 발리에 와서 하는 것들이래요. 이렇게 같이 투어하고 같이 저녁을 먹고.

첫 여행지의 시작을 나 혼자가 아닌 같이 해준 서머 양에게 다시 한번 감사함을 느낀다. 덕분에 신혼부부들이 발리에 오면 무엇을 같이 할 수 있고, 하는지를 알게 되었다.

#4 린자니 산에서 꾼 꿈, 웨딩 이벤트

인도네시아에서 린자니 산 트레킹을 했다. 린자니 산은 현재 휴화산으로 4박 5일간의 트레킹 코스가 보편적이다. 4박을 산에서 보내므로 잠을 잘 텐트와 먹을 음식의 양이 상당히 많다. 다행히도 여행을 신청한 관광객은 트레킹에 필요한 개인적인 짐만 들면 됐다. 텐트와 음식 준비는 포터(짐꾼)가 전부 준비했기 때문이다. 포터가 드는 짐을 한 번 들어봤는데 무게가 상당했다. 정상적인 등산 장비를 갖추지 않고 트레킹을 하는 포터 분들의 노고에 정말 감탄할 뿐이다.

트레킹을 신청한 친구들과 한 팀이 되어서 올라가므로 외국 친구를 사귀기에는 아주 좋은 기회였다. 린자니 산의 좋은 경치를 보며 걷고, 외국 친구들과 이야기를 하고, 식사 시간이 되면 주어진 식사와 함께 시간을 보냈다. 호수가 있다면 땀을 식히러 같이 수영을 하고, 온천에 몸을 담그며 피로를 풀기도 했다. 그렇게 걷다가 그날의 목적지에 도착하면 포터가 준비한 텐트에서 하루를 지냈다. 그렇게 3일간의 트레킹을 하고 마지막 날 자정에 린자니 산 정상으로 향했다.

린자니 산 정상으로 향하는 길은 화산재로 뒤덮여있다. 올라가는 과정은 '원 스텝 투 백(One step, Two back)'으로 불리는데, 한 발 앞으로 가면 두 발이 뒤로 밀리기 때문이다. 그만큼 올라가기가 힘들며 실제로도 정말 올라가기가 힘들다. 그래서 가이드는 정상 등반을 절대 강요하지 않는다.

　나도 힘들게 린자니 산 정상에 도착했다. 자정에 출발해 일출이 시작하기 직전에 도착했다. 정상에 도착한 사람들과 함께 린자니 산에서 일출을 맞이했다. 동그랗고 붉은 해가 떠오르는 장면은 아직도 눈가에 선하다. 생애 태어나서 산에서 맞이하는, 첫 일출이었다. 해가 완전히 모습을 드러내고 주변이 환해졌다.

　그 순간, 갑자기 옆에 있던 외국인 남자가 무릎을 꿇었다. 품에서 반지를 꺼내며 그 남자와 같이 올라온 여자에게 프러포즈를 했다. 커플을 중심으로, 주변에서는 박수 소리와 함께 환호성이 들렸다. 주변의 모든 관광객이 남자의 프러포즈를 받은 여성을 진심으로 축하해주고 있었다. 린자니 산 정상에서 이 커플을 향한 축하의 박수 소리는 한동안 계속되었다.

　'아름다운 린자니 산 정상에서 생면부지의 사람들에게 결혼 축하를 받는 기분은 어떤 것일까?'

　내 두 눈으로 이 감동적인 장면을 보니 자연스레 나의 버킷리스트에 린자니 산이 추가되었다. 한국 사람들이 새해에 일출을 보며 새해 소원을 빌 듯, 나는 린자니 산의 일출을 보며 배우자와 다시 린자니 산에 오기를 다짐했다. 좀 더 욕심을 내면 턱시도와 웨딩드레스를 배우자 모르게 가져와, 정상에서 깜짝 웨딩 이벤트를 해주고 싶다. 물론 정상을 올라오는 길에 몸은 땀 벅벅이 될 테니 정상에서 웨딩드레스로 다시 갈아입는 것은 현실상 힘들 것이다. 그래도 배우자에게 평생 잊지 못할 웨딩 이벤트를 꼭 해주고 싶다. 나에게 린자니 산은, 힘들지만 웨딩 이벤트를 하러 배우자와 꼭 다시 오고 싶은 곳이다.

린자니 산에서의 캠핑 풍경

린자니 산에서 바라보는 발리 섬과 길리 아일랜드

#5 산 페르민 축제, 엔시 에로에서 미친 듯이 달려야 살 수 있다?

유럽의 첫 여행지는 스페인으로 정했다. 7~8월에 스페인에서 열리는 모든 축제에 참여하고 싶었다. 그중 첫 번째 축제는 산 페르민 축제다.

산 페르민 축제는 일명 소몰이 축제로 한국에 널리 알려져 있다. 축제의 하이라이트는 매일 아침 8시에 반복하는 '엔시 에로'다. 엔시 에로는 길거리에서 열리는 투우로써, 소몰이라고 생각하면 된다. 팜플로나 마을 내에서 일정한 트랙을 만들고 그 트랙 안에서 소를 풀어 달리게 한다. 사람들이 그 소를 피해서 전력 질주를 하는 행사다.

산 페르민 축제에는 한국인 동행들을 구해 함께 참여했다. 축제 전날에 열리는 전야제를 즐기기 위해 팜플로나 마을의 카스티요 광장으로 함께 이동했다. 카스티요 광장은 물론이고 골목과 골목 사이까지도 많은 사람으로 가득 차 있는 축제의 장이었다. 스페인 현지인과 세계에서 축제를 즐기러 온 사람들로 광장은 이미 파티의 분위기에 젖어 있었다. 그들은 한 손에는 샹그릴라 한 잔을, 몸은 클럽과 펍에서 흘러나오는 음악에 맞춰 리듬을 타고 있었다. 음악 소리와 사람들의 웃음소리를 통해 이것이 전야제임을 실감케 했다.

나와 한국인 동행들도 사람들로 붐비는 펍에 들어가 음악에 몸을 맡기고 신나게 축제의 장을 즐겼다. 처음에 걱정했던 추위가 무색할 정도로 후끈한 밤이었다. 밤새워서 전야제를 즐겨보니 스페인이 왜 열정의 나라인지 알 수 있었다.

밤새워서 전야제를 즐기다 보면 어느덧 해가 뜨는 것을 볼 수 있다. 사람들은 곧이어 약속이라도 한 듯이 엔시 에로를 보러 이동했다. 엔시 에로는 트랙 옆에서 구경할 수도 있고 실제로 엔시 에로에 참여해 달릴 수 있다. 나는 당연히 엔시 에로에 참여했다. 엔시 에로를 참여하지 않고 산 페르민 축제를 갔다 온 것은 마치 팥 빠진 붕어빵을 먹는 느낌이다.

엔시 에로를 뛸 준비를 마치고 슬슬 긴장하고 있었다. '탕' 소리와 함께 젖 먹던 힘까지 짜내며 전력 질주를 시작했다. 어느 정도 달리기 시작하니 슬슬 숨은 차고, 소는 한참 뒤에 있는 것 같아서 긴장을 풀고 있었다. 그 순간 뒤에 있던 사람들의 함성과 함께 소들이 뛰어오는 소리가 같이 들려왔다. 다시 미친 듯이 전력 질주를 시작했다. 그 순간 몸이 머리에 신호를 보내왔다.

'아, 숨이 차네.'

엔시 에로에 참여하는 수천 명의 사람이 모두 투우장까지 달려서 들어가는지 궁금했다. 체력이 되는 사람도 있고 안 되는 사람도 있기 때문이다. 하지만 나의 걱정은 기우였다. 현지인들과 달리면서 엔시 에로를 상대적으로 안전하게 달리는 방법을 알게 되었다. 내 뒤에서 전력으로 달려오는 소들과 닿을 듯 말 듯 뛰면 정말 위험하다. 하지만 내 뒤에서 달려오는 소들이 멀리서 보일 때쯤, 벽면의 가장자리로 붙으면 상대적으로 덜 위험했다. 소는 옆을 안 보고 직진만 했다. 그러니 내가 벽면으로 붙으면 소는 나를 신경도 쓰지 않고 직진으로 달려 나간다. 단, 직선도로일 경우에 한해서다. 코너 쪽에서 벽에 붙으면 바로 소에 치일 수 있다.

엔시 에로에를 무사히 마치고

나는 힘껏 뛰다가 벽면의 가장자리에 붙어서 소들을 두 번 정도 보냈다. 눈앞에서 소가 지나가는데 소에 치이면 부상이 아니라 죽겠거니 싶었다. 엔시 에로의 트랙이 끝나고 소들이 투우 경기장에 다 들어오면 그때부터 또 다른 재미가 펼쳐졌다. 투우 경기장에서 '어텐션(Attention)'이라는 소리와 함께 소 한 마리가 나왔다. 그러면 사람들은 경기장 안에서 소를 피해 또 도망 다니기 시작했다. 소는 순차적으로 한 마리씩 풀었다. 나는 소 두 마리를 풀 때쯤 투우장 밖으로 나왔다. 그리고 무사히 일행들 곁으로 돌아왔다. 앞으로 다닐 여행지가 많기에 몸을 사릴 필요가 있었다.

엔시 에로가 끝나자 트랙은 바로 철거됐다. 그 많던 사람이 하나둘 떠나며 축제는 막을 내렸다. 스페인의 열정을 느끼고 싶다면 역동적인 산 페르민 축제를 꼭 한번 참석하기를 바란다. 또한 엔시 에로는 무조건 달려보기를 추천한다. 정말로 미친 듯이 달리지 않아도, 된다.

#6   라 토마티나 축제, 축제의 시작은
축제가 끝나고 나서 시작된다

  유럽을 여행할 때, 스페인만 총 3번을 입국했다. 2번째 입국한 이유
는 바로 라 토마티나 페스티벌에 참석하기 위해서다. 라 토마티나 축제
는 토마토 축제로 한국에 알려져 있으며 매년 8월 마지막 주 수요일 부
뇰에서 열린다. 토마토 축제는 동행이 아닌 홀로 참석했다. 동행은 가
서 만들면 된다는 생각으로 갔으나, 혼자 가서 혼자 놀았다. 하지만 이
게 신의 한 수였다.

  토마토 축제는 마을 중앙의 푸에블로 광장에서 열린다. 축제가 시작
하기 전의 볼거리 중 하나는 코스프레를 하고 온 사람들이다. 전 세계
의 많은 사람이 다양한 캐릭터들을 코스프레한다. 하지만 그중 최고의
인기는 일본인이었다. 5명의 사람이 각각 다른 색깔로 파워 레인저 복
장을 하고 나타났다. 그들이 가는 곳미디 사람들은 그들과 함께 사진 찍
기를 원했다. 낯설지만 신선한 목격이었다.

  오전 11시 전에 푸에블로 광장에는 햄을 단 장대가 들어온다. 장대에
는 기름이 발라져 있어서 올라가기가 매우 미끄럽다. 누군가 저 햄을 떨
어뜨리면 그때부터 토마토 축제가 시작된다. 하지만 내가 참여한 2014
년 축제에서는 그 누구도 햄을 떨어뜨리지 못했다. 장대가 너무 미끄럽
기 때문이었다. 그럼에도 시간이 되면 토마토를 실은 트럭이 들어오면
서 사람들에게 토마토가 공급된다. 이때부터 진정한 토마토 축제가 1

시간 동안 시작된다.

처음에는 바닥이 토마토로 가득 차리라고 전혀 생각하지 못했다. 하지만 트럭 2대가 지나가니 바닥이 토마토로 강을 이루었다. 1시간 동안 우리는 남녀를 불구하고 서로에게 미친 듯이 토마토를 던졌다. 이 순간에는 아군도 없고 적군도 없다. 그냥 던지는 것이다. 하지만 매너는 필요하다. 꼭 으깬 토마토를 던져야 한다. 생토마토를 던지면 너무 아프기 때문이다. 이것은 맞아본 사람만이 안다. 정말 아프다. 다시 말하지만, 꼭 으깬 토마토를 던져야 한다.

토마토를 던지는 1시간은 순식간에 지나간다. 마치 온몸을 토마토로 샤워한 기분이다. 이 상태로는 교통시설을 이용할 수 없기에 마을 근처에서 샤워를 해야 했다. 샤워를 마치고 나왔을 때 모든 축제가 끝난 줄 알았으나, 부뇰역으로 돌아가는 와중에 어디선가 EDM의 비트가 들려왔다. 애프터 파티가 열리고 있었다.

혼자 와서 동행이 없었기에 양해를 구할 필요도 없이 바로 축제의 장으로 들어갔다. 토마토 축제가 남녀노소의 축제였다면 애프터 파티는 핫한 남녀의 파티다. 모두 즐기러 온 파티이기에 정신 줄을 놓고 즐기고 있었다. 말로만 정신 줄을 놓는 것이 아닌 몸으로 정신 줄을 놓고 논다. 애프터 파티 이후 나는 어디서 정신 줄을 놓고 논다는 표현을 함부로 사용하지 않는다.

끝으로 토마토 축제를 즐기러 간다면 다음 3가지를 꼭 기억했으면 좋겠다. 물안경은 꼭 쓰고, 토마토는 무조건 으깨서 던져라. 그리고 토마토를 던지는 것이 끝나고 열리는 애프터 파티는 꼭 참석해 보길 바란다. 라 토마티나 축제의 진정한 시작은, 축제가 끝나고 나서부터다.

라 토마티나 축제의 시작 전

라 토마티나 축제의 애프터 파티

#7 새가 되던 순간,
프라하 스카이다이빙

체코 프라하에 도착했다. 프라하는 내가 정말 방문하고 싶은 도시 중 하나였다. 유럽 3대 야경 도시 중 하나이며 스카이다이빙도 할 수 있기 때문이었다. 유럽의 다른 도시에서도 스카이다이빙을 할 수 있었지만 상대적으로 낮은 비용과 프라하 구시가지를 바라보며 뛰어내리는 체코의 스카이다이빙이 뭇사람에게 더 인기가 좋았다. 스카이다이빙은 나의 버킷리스트 중 하나로 다른 버킷리스트들보다 우선순위에 있었다.

개인적으로 스카이다이빙을 꼭 해보고 싶은 이유가 있었다. 나는 결혼식에 대한 로망이 있다. 결혼식 때 신부를 천사로 만들어 주고 싶다. 신부가 천사가 되기 위해서는 하늘에서 내려와야 한다고 생각했다. 신부가 하늘에서 내려오는 방법으로 스카이다이빙을 생각했다. 그래서 내가 꼭 스카이다이빙을 직접 해보고 신부에게 안전하게 스카이다이빙을 하는 법을 가르쳐 주고 싶었다. 스카이다이빙을 해본 지금 이 시점에서 그 생각은 완전히 바뀌었다. 직접 해보니 신부 화장과 웨딩드레스가 심하게 망가질 것을 확인했기 때문이다.

스카이다이빙 옷으로 갈아입고 비행기로 향했다. 비행기를 타기 전, 각자의 파트너를 소개받고 두 가지 자세를 교육받는다. 자세 교육이 끝나면 드디어 비행기를 타고 하늘로 향한다. 비행기 엔진 소리가 커질수록 하늘의 고도는 높아졌고 나의 심장은 쿵쾅거리기 시작했다. 비행기가 4,000m 상공에 도착했을 때 나는 하늘로 힘차게 뛰어내렸다.

　비행기에서 뛰어내리는 그 순간을, 태어나서 처음으로 하늘에 몸을 던지는 그 순간을 아직도 잊을 수 없다. 하지만 눈 앞에 펼쳐지는 프라하 구시가지의 아름다운 광경도 잠시, 강한 바람이 내 몸을 뚫고 들어오며 강속의 자유낙하가 시작됐다. 나는 바람을 가르며 지상으로 떨어졌다. 한 마리의 새가 되어 날고 있다고 느끼게 하던 40초의 자유낙하. 그 짧은 순간의 전율이 아직도 생생하다.

　자유낙하가 끝날 때쯤 낙하산이 펼쳐지며 순식간에 하늘로 올라갔다. 낙하산을 타고 바람에 따라 부드럽게 낙하할 줄 알았지만 또 다른 재미가 시작됐다. 낙하산에는 '턴(Turn)'이라는 기술이 있다. 턴은 낙하산 줄을 한쪽으로 잡아당기면서 360도 회전을 하는 기술이다. 덕분에 하늘에서 롤러코스터를 타며 내려왔다. 그 스릴은 무조건 경험하고 느껴보길 바란다. 체코로 여행을 가는 친구가 체코에서 무엇을 해야 할지 추천해달라고 한다면, 나는 체코의 꼴레뇨와 맥주도 좋지만 하루는 시간을 내서 스카이다이빙을 꼭 하라고 강력히 추천한다.

QR 코드를 스캔하면
스카이다이빙 영상을 보실 수 있습니다

#8 노후를 보내고 싶은 도시,
포르토

포르투갈이라는 이름은 낯설면서도 익숙하다. 세계 최초로 지구를 일주한 마젤란이 포르투갈 출신이라는 것을 제외하고 포르투갈에 대해 아는 것은 없었다. 하지만 포르투갈은 중학교 때부터 중세 세계사에서 빠지지 않고 등장한 나라이므로 이름 자체는 익숙했다. 나는 낯설면서도 익숙한 나라에 와 있었다. 포르투갈에서 일주일을 여행하며 포르토라는 도시의 매력에 빠지게 됐다.

포르투갈의 리스본 여행을 마치고 북쪽의 포르토로 넘어갔다. 먼저, 포르토를 가로지르는 도우루 강을 보러 갔다. 서울이 한강을 기준으로 남북으로 나뉘듯이, 포르토는 도우루 강을 기준으로 시가지와 와인 지대로 나뉜다. 도우루 강으로 인해 갈라진 두 마을을 잇는 다리가 동 루이스 1세 다리다. 아치형의 다리는 관광객에게 포르토의 또 다른 볼거리를 제공하지만 포르투갈 아이들에게는 하나의 놀이터이기도 하다. 아이들은 다리 위에서 강으로 다이빙을 하며 뜨거운 여름을 보내고 있었다.

동 루이스 1세 다리를 기준으로 시가지 쪽으로 오색찬연한 집들이 보이는데 그 거리를 리베리아 거리라고 부른다. 포르토에서 가장 아름다운 거리인 것은 객관적인 사실이며 유럽에서 가장 아름다운 거리인 것은 나의 주관적인 생각이다.

포르토를 한 바퀴 걷고 나니 허기가 졌다. 포르토의 유명한 음식인 프란 세지냐를 먹으러 갔다. 프란 세지냐는 고기가 들어간 샌드위치로 누가 봐도 고칼로리의 음식이다. 그만큼 맛있다. 배를 채우고 나서 다시 동 루이스 1세 다리로 갔다. 다리에서 시가지를 바라보는 잔잔한 야경은 아름다웠다. 다리에서 리베리아 거리를 내려다봤다. 리베리아 거리에 있는 레스토랑은 저녁에 전등이 아닌, 촛불을 켰다. 그날 하루 정전이 되어서 촛불을 사용했는지 아니면 원래부터 촛불을 사용했는지 모르지만, 그 촛불은 리베리아 거리에 한 층 더 낭만을 더했다.

포르투갈 사람들은 코임브라에서 대학을 나와 리스본에서 일을 해 포르토에서 노후를 보내고 싶어 한다. 포르토를 걷다 보면 그 말에 공감이 된다. 포르토의 랜드마크 동 루이스 1세 다리, 포르토를 가로지르는 도우루 강, 그 강을 지나가는 유람선, 유럽 최고의 거리인 리베리아 거리, 그 거리에 생기를 불어넣는 사람들. 또 저녁이면 늘 찾아오는, 다리 밑으로 펼쳐지는 시가지의 잔잔한 야경. 허기를 달래줄 프란 세지냐와 하루를 마무리하기에 적당한 포르토산 와인 한 잔. 포르투갈 사람들이 왜 노후를 포르토에서 보내고 싶어 하는지 공감이 갔다. 내가 유럽에서 살 기회가 있다면 한 번 정도는 포르토에서 살아보고 싶다.

#9   신혼여행지는,
   둘만의 역사가 시작될 산토리니로

여행을 다니며 나만 알고 싶은 곳들이 몇 군데 생겼다. 그곳은 훗날 배우자와 단둘이 오고 싶은 곳이었다. 그중 한 곳이 바로 그리스다. 그리스는 신혼여행지로 다시 오고 싶었다. 그리스를 여행하며 쌓은 추억보다는, 그리스가 가진 아름다운 풍경 때문이었다.

그리스에서 많은 인연을 만났다. 아테네에서 만난 한국인 형님은 텐트만 갖고 다니던 나에게 캠핑 취사를 가르쳐 주었다. 덕분에 나의 야외 취침이 노숙에서 캠핑으로 한 단계 업그레이드될 수 있었다. 특히 형님이 끓여준 생일상, 미역국은 아직도 감동이다.

산토리니 섬으로 들어가는 배에서 우연히 한국인 4명을 만났다. 덕분에 같이 차량을 렌트해 편하게 산토리니 섬을 여행했다. 마지막 날 숙소에서 맥주를 마시며 나눈 담소가 아직도 생각난다. 그들과의 추억도 나를 미소 짓게 하지만, 신혼여행으로 다시 갈 그리스는 나를 더욱 짙게 설레게 한다. 그리스는 여러 섬으로 이뤄져 있으며 섬마다 특징이 전부 다르다. 그중 나의 눈길을 끈 것은 산토리니 섬으로, 그 섬 중에서도 이오 마을이다.

산토리니 섬은 절벽 위에 세워진 마을이다. 절벽 위에 암벽을 따라 세워진 흰색의 집들과 푸른 지붕, 섬을 둘러싼 푸른빛 지중해로 아름다운 풍경을 자아낸다. 이 중에서도 내 시선을 사로잡은 것은 리조트 내의 프라이빗 수영장이다. 특히 수영장에서 지중해를 바라볼 수 있는 점이 아주 마음에 들었다. 리조트가 아닌 개인 빌라에는 거품 목욕을 할 수 있는 야외 욕조가 놓여 있었다.

배우자와 함께 하루의 여행을 마치고 거품 목욕으로 전신의 피로를 풀며 서로 와인 한 잔을 마신다. 눈앞에는 붉은 석양과 푸른빛의 지중해가 오묘하게 섞이며, 우리는 그 분위기에 젖어가며 둘만의 역사를 시작한다. 신혼여행지로는 이만한 데가 없다고 생각한다. 훗날 결혼해 배우자가 가고 싶은 데로 신혼여행지를 정하겠지만, 나에게 추천을 구한다면 1초의 망설임도 없이 그리스의 산토리니를 외치겠다.

지중해를 바라볼 수 있는 수영장에서, 둘만의 역사가 시작된다

#10 네덜란드, 홍등가
그리고 마리화나가 합법인 나라

네덜란드는 아름다운 풍차마을과 볼렌담의 치즈 맛이 명품이기로 유명하다. 하지만 나는 암스테르담에 더 큰 흥미를 느끼고 있었다. 네덜란드에 오기 전, 린자니 트레킹에서 만난 하이디에게 네덜란드에서 꼭 가봐야 할 곳을 추천해 달라고 했다. 그녀는 1초의 망설임도 없이 암스테르담을 추천했다. 암스테르담에서 홍등가, 커피숍(마리화나), 운하를 보는 것을 추천했다. 현지인의 추천은 한 번도 틀린 적이 없다. 나는 주저하지 않고 암스테르담에서의 여행 테마를 홍등가와 커피숍(마리화나) 그리고 운하를 둘러보기로 정했다.

먼저 간 곳은 성(性) 박물관으로, 건물 자체가 하나의 성 박물관으로 구성돼 있다. 이곳은 들어가는 입구부터 범상치 않은 야릇한 마네킹으로 시작을 했다. 층마다 테마를 정해서 다양한 전시를 하고 있다. 고대 그리스와 로마 시대부터 현재에 이르기까지, 인간이 할 수 있는 다양한 성(性)의 장르와 다채로운 체위들이 소개돼 있다. 한층 더 견문이 넓어졌다. 성 박물관에 전시된 고대시대의 전시물을 보면서 인간의 성욕은 현재까지 변질되지 않은 고유한 DNA라는 것을 알 수 있었다.

네덜란드는 마리화나가 합법이기에 마리화나를 재배해 판매하는 가게가 있다. 정말 신기한 것은 치즈 맛부터 시작해 다양한 맛이 존재했다. 담배가 기호식품이라는 표현처럼 네덜란드 사람들에게 마리화나는 기호식품이었다. 마리화나를 해 볼 수 있는 커피숍에 들어가 봤다. 마리화나는 사람 기호에 따라 다양한 형태로 즐길 수 있다. 담배처럼 스틱 형태로 피울 수도 있으며 케이크처럼 먹어서 흡입할 수도 있었다. 케이크에 일정량의 마리화나가 있어서 케이크를 먹으면 마리화나 효과가 나타난다고 했다.

자신이 원하는 형태의 마리화나를 고르고 가게 내부로 들어가면 내부는 마리화나를 하는 사람들이 내뱉는 연기로 가득 차 있다. 네덜란드 사람들도 있지만 외국에서 마리화나를 경험하러 오는 관광객이 더 많았다. 종업원의 말에 따르면, 마리화나를 하면 두 종류의 사람으로 나뉜다고 했다. 기분이 업 되는 사람과 기분이 다운되는 사람. 보통은 기분이 업 되는 사람이 많다고 했다. 나는 차마 마리화나를 해보지는 못했고 커피숍을 둘러보는 것에 만족했다.

해가 내리고 어둠이 찾아오니 나의 발걸음은 홍등가를 향했다. 네덜란드 홍등가는 하나의 관광지로서의 인식이 커서 홍등가를 찾는 연령과 구성이 흥미로웠다. 남녀 커플의 방문은 충분히 이해가 갔지만 가족 단위로 홍등가를 구경하는 관광객은 신선했다. 더 흥미로운 것은 유모차를 끌고 온 관광객이었다. 유모차를 끌고 온 관광객을 본 순간, 사람들이 홍등가를 정말 관광지로 인식한다는 것에 확신을 가졌다.

한국에서 홍등가에 대한 이미지는 퇴폐적인 음성의 이미지다. 반면에 네덜란드의 홍등가는 가족이 와서 구경할 정도로 오픈돼 있다. 기본적으로 성(性)에 대한 인식이 달라서 그런 것 같다. 한국 사회도 성(性)에 대해서 말하는 것이 부끄러운 문화가 아닌, 건강한 문화로 자리매김하기를 바란다.

사람들로 북적이는 암스테르담 홍등가

#11 루마니아에서 느낀 엄마의 정, 리디아 아줌마

불가리아에서 루마니아로 야간 버스를 타고 넘어오던 새벽에, 붉은빛으로 하늘을 가득 채우는 일출을 보게 됐다. 이에 루마니아 부쿠레슈티에 있는 호스텔에 머물면서 호스텔 매니저에게 루마니아에서 이런 일출을 더 가까이서 볼 수 있는 곳을 가르쳐 달라고 했다. 그는 부체지산을 소개해 줬다. 부체지산은 동유럽의 알프스로 불리우며 루마니아에서 최고의 절경을 자랑하는 산이라고 했다.

부체지산을 온전히 느끼고 싶어, 케이블카 대신 걸어가는 것을 선택했다. 최소한의 짐만 가져가고 남은 짐은 역 락커에 보관하려고 했다. 부체지산 밑에 있는 부스테니 역 락커는 2일에 16레이(한화 약 5,000원/14년 11월 기준)로 나에게 다소 비싼 감이 있었다. 그래서 내 짐을 보관해줄 선량한 주민을 찾아 나섰다. 여러 가게를 돌아다니다 리디아 아줌마네 가게로 들어갔다. 짐 보관을 부탁하니 흔쾌히 수락하면서 부체지산 트레킹까지 응원을 해주었다.

기가 막힌 날씨를 배경으로 부체지산 트레킹을 시작했다. 뜨거운 햇살로 인해 이마에 땀방울이 맺히면 산에서 불어오는 바람으로 더위를 식히며 올라갔다. 천천히 걷는 성인 걸음 기준으로 약 4시간을 걸어 산 정상에 도착했다. 산 정상에는 산장이 있었다. 산장 주인에게 양해를 구하고 근처에 텐트를 쳤다. 텐트에서 저녁밥을 해 먹고 밖으로 나오니 보이는 것은 온통 별밖에 없었다. 텐트 지붕으로 보이는 별들이 참 인상적이었다.

부체지산에서의 밤은 너무너무 추웠다. 어서 빨리 해가 뜨기를 바라며 2시간 간격으로 자다 깨기를 반복했다. 그러길 오전 7시 30분쯤, 드디어 해가 뜨며 햇살이 텐트를 노크했다. 햇살을 온몸으로 느끼기 위해 텐트 밖으로 나갔다. 부체지산에서 보는 일출을 보고 한 가지 깨달았다. 일출은 지상도 바다도 아닌, 구름 위에서 보아야 한다는 것을. 하얀 구름층을 붉은색으로 물들이는 일출은 또 하나의 신기한 자연경관이었다. 아침부터 눈이 호강을 했다.

다시 텐트로 돌아와 아침을 준비했다. 텐트에서 요리하는 순간은 매우 행복하다. 캠핑 버너에서 나오는 불로 발을 녹일 수 있기 때문이다. 더불어 버너의 열기로 인해 텐트 내부도 금방 따뜻해진다. 해도 뜨고 바람도 잠잠해서 야외 테라스에서 아침을 먹었다. 산장 주인에게 감사의 인사를 전하고 하산을 시작했다.

하산해 마을에 도착하니 시간은 오후 7시가 넘어 있었다. 짐을 맡겨놓은 리디아 아줌마를 찾아갔다. 그날 바로 수체아바라는 새로운 도시로 넘어갈지 부스테니 마을에서 하루를 더 머물지 고민하고 있었다. 하산 코스가 상당히 길어 피곤했기에 후자로 이미 마음의 무게가 기울어 있었다. 부스테니 마을의 숙소는 대부분 호텔이었다. 부스테니 마을에서 머물기로 한 이상, 선택의 여지 없이 숙소는 야외 취침으로 결정했다. 때마침 리디아 아줌마네 가게 뒤편에 공터가 있어서 그곳에서 텐트를 칠 수 있는지 양해를 구했다.

내가 인복이 있는 것일까 아니면 루마니아 사람들의 인성이 좋은 것일까. 결론은 인복도 있었고 루마니아 사람들의 인성도 훌륭했다. 마침 리디아 아줌마는 민박을 운영하고 있었다. 밖에서 자면 춥다며 화장실 딸린 3인실 방을 내주었다. 동시에 루마니아의 전통음식인 사르말레를 저녁으로 제공해 주었다. 루마니아의 따뜻한 저녁 한 끼를 선물 받은 셈이었다.

오랜만에 타국에서 느껴보는 엄마의 정이었다. 리디아 아줌마의 딸이 그 당시 외국에서 유학을 하고 있었다. 딸이 나와 비슷한 나이대였는데, 나를 보니 딸 생각이 나서 마음이 동했다고 했다. 너무 큰 감동을 받아서 나도 무엇인가 전하고 싶었다. 하지만 내가 가진 것은 배낭밖에 없었고 한국에서 가지고 온 기념품도 없었다. 유일하게 보여줄 수 있는 것은 여행을 다니며 찍었던 사진과 춤추는 동영상이었다.

다행히도 리디아 아줌마와 남편분은 나의 여행 사진과 영상을 재미있게 보며 흡족해했다. 리디아 아줌마 덕분에 이날의 피로를 완전히 풀 수 있었다. 다음 날 아침에는 리디아 아줌마가 준비해준 루마니아식 아침으로 배를 채웠다. 책을 집필하고 있는 지금까지도 우리는 서로의 생일을 축하해주며 SNS로 연락을 주고받고 있다.

부체지산에서 마련한
보금자리

캠핑 버너에서
나오는 불로 발을 녹이며
아침을 준비하고 있다

야외 테라스에서 먹는
아침 한 그릇

리디아 아줌마와 나,
아줌마네 집을 떠나면서
추억 한 장

#12 지상낙원에서 이룬 버킷리스트,
   누드사진

　세계의 유명한 명소들은 각각의 별명이 있다. 이 중, 지구상의 천국이라는 별명을 가진 곳이 있다. 바로 중국의 야딩풍경구다. 야딩풍경구의 비현실적인 설산과 푸른빛의 호수가 조화를 이루는 모습은 지구상의 '지상낙원'으로 묘사되며, 지구상의 천국으로도 불린다. 야딩풍경구는 1박 2일의 코스로 둘러보았다. 첫째 날은 호수 진주해와 충고 초원을 방문했다. 진주해는 막상 가보니 얼어 있었다. 아쉬움을 뒤로하고 충고 초원으로 향했다.

　탁 트인 충고 초원의 첫인상은 한 마디로 지상낙원이었다. 야딩풍경구의 웅장한 산들을 배경으로 넓게 펼쳐진 초원은 할 말을 잃게 했다. 충고 초원을 가로지르는 냇물은 푸르렀다. 설산의 눈들이 녹아 흐

르는 물은, 맑음 그 자체였다. 걸어오느라 고생한 발을 흐르는 물에 담가 보았다. 냇물의 시원함이 발에 묻은 피곤함을 한 방에 날려 버렸다. 따뜻한 햇살을 맞으며 초원을 이불 삼아 누워 있으며 여유로운 시간을 보냈다. 충고 초원의 아름다움과 주변의 고요함에 젖어 시간을 보내다 보니 벌써 달이 떴다.

둘째 날은 야딩풍경구의 랜드마크인 낙융목장을 보고 우유해와 오색해가 있는 곳까지 걸어갔다 왔다. 먼저 낙융목장으로 이동했다. 내 눈앞에 모습을 드러낸 낙융목장과 그 뒤에 펼쳐진 하얀 설산 양마이용은 한 폭의 그림 같았다. 양마이용 설산을 배경으로 풀을 뜯어 먹고 있는 야크들을 바라보고 있으면 낙융목장이 왜 목장인지 알게 된다. 첫날 충고 초원을 보고 지상낙원을 떠올렸는데 낙융목장도 지상낙원의 연장선에 있었다. 낙융목장의 운치를 가슴에 담으며 우유해와 오색해 방향으로 걸음을 옮겼다. 그 순간 내 마음을 훔치는 드넓은 초원이 나타났다. 드넓은 초원 뒤로는 양마이용 설산이 버티고 있었다. 바로 이곳이라고 결심했다. 상해에서 결심한 나의 버킷리스트, 누드사진을 찍기에 최적의 장소였다.

　상해를 여행할 당시 티엔즈팡을 방문했다. 티엔즈팡은 상해 예술가들이 모여 전시와 판매를 목적으로 조성된 복합 예술 단지다. 티엔즈팡에 있던 루이 루윈의 갤러리에 들어갔다. 그의 인물사진 중, 알몸을 소재로 한 사진이 있었다. 다른 사람의 시선을 개의치 않고, 오로지 나에게 집중하는 그 순간을 담은 사진. 그 사진을 보고 큰 인상을 받았다. 그래서 언젠가 나에게 기회가 온다면 꼭 한번 찍고 싶다고 다짐했다. 다만 소망이 있다면 자연을 좋아하는 나였기에 대자연 속에서 나의 몸을 담고 싶었다. 그렇게 나의 버킷리스트에 누드사진이 추가되었다.

　따뜻한 햇살이 내리쬐고 있었으며 비수기라 사람들도 없었다. 대자연을 배경으로 사진을 찍을 절호의 기회였다. 바로 옷을 벗었다. 양마이용 설산에서 불어오는 바람이 나의 살결에 인사를 건넸다. 하지만 인사를 느낄 반가움도 잠시, 추위라는 이방인도 내 몸을 방문했다. 이방인은 공공장소에서 적당히 민폐를 끼치라는 경계심을 주었지만, 다시 오지 않을 기회임을 알기에 꿋꿋이 사진을 찍어 내려갔다. 나의 버킷리스트는 그렇게 시작되었다.

　양마이용 설산을 바라보며 드넓은 초원 속에서 나의 몸이 마주한 것은 고요함이었다. 찰나의 순간이 나를 중심으로 돌아가듯, 나 자신에게 집중했다. 사진을 찍는 순간은 나 중심이었지만, 카메라에 담긴 나의 모습은 겸손을 가르쳐주었다. 드넓은 자연 속에 한없이 작은 나의 모습이었다. 사진은 순식간에 찍고 끝냈다. 이방인의 말을 잘 들어서인지 다행히 감기라는 선물은 주지 않았다. 대신, 스릴 넘치는 경험과 어디서도 찍지 못할 세상에 하나뿐인 사진을 남길 수 있었다. 아무런 일도 일

지상낙원으로 불리는 충고 초원
낙융목장에서 풀을 뜯어 먹고 있는 야크들
지상낙원에서 이룬 버킷리스트

어나지 않은 듯, 나는 다시 우유해로 산행을 시작했다.

양마이용 설산을 지나니 샤눠둬지 설산의 자락이 보이기 시작했다. 두 설산을 바라보며 우유해로 가는 길은 지구가 아닌 다른 행성에 온 듯한 느낌을 주었다. 마침내 도착한 우유해도 역시 얼어 있었다. 호수가 얼어 청명한 빙판이 만들어졌다. 얼어있는 우유해의 모습은 마치 초현실적인 사진을 보는 것 같았다. 이어서 바로 위에 있는 오색해로 향했다. 오색해를 향해 올라가는 길에는 양마이용 설산과 샤눠둬지 설산이 나란히 옆으로 펼쳐지는 장관을 볼 수 있었다. 오색해 또한 얼어있었지만 오색해에서 바라보는 샤눠둬지 설산의 웅장한 모습에 눈길이 너갔다. 마지막으로 샤눠둬지 설산을 배경으로 사진을 찍고 하산을 했다.

이날은 2014년의 마지막 날, 12월 31일이었다. 한 해를 마무리하는 날이자 쉽게 이룰 수 없는 버킷리스트를 이룬 날이기도 했다. 자연에서 누드사진을 찍기 원했는데, 그 자연이 지상낙원이라고 불리는 야딩풍경구였기에 감회가 남달랐다. 현재까지도 야딩풍경구에서 찍은 사진을 외장 하드에 보관하며 보물 3호(보물 1호는 각 나라의 출입국 도장이 찍힌 여권, 보물 2호는 2년간 메고 다닌 여행 배낭이다)로 잘 간직하고 있다. 누군가에게 쉽게 추천할 수는 없겠지만, 기회가 된다면 도전해보기를 권한다. 소중한 추억이 될 것이고 그 스릴은, 해본 사람만이 알 수 있는 기분 좋음이다.

#13 사람으로 맺어진,
히말라야 트레킹

  네팔에서 약 3주간의 시간을 보냈다. 그중 반을 포카라에서 보내며 히말라야 트레킹을 했다. 일반 등산객이 히말라야 트레킹을 하는 코스는 총 3가지가 있다. 나는 그중 하나인 ABC(안나푸르나 베이스캠프) 생츄어리 코스를 선택했다. 푼힐 전망대를 경유해 ABC를 갔다가 하산하는 네팔 히말라야 트레킹의 대표적인 트레킹 코스 중 하나다.

  네팔 카트만두에서 포카라로 이동해 9박 10일간의 나 홀로 트레킹을 시작했다. 2일째 되는 날, 푼힐 전망대에 도착해 히말라야의 일몰을 보았다. 안나푸르나와 마차푸차레라고 불리는 설산의 코끝에 얹힌 붉은 기운은 한없이 아름다웠다. 하얀 설산이 태양의 붉은 기운을 그대로 머금었다. 다음 날, 푼힐 전망대에서 바라볼 일출이 정말 기대됐다.

  다음 날 새벽, 역시 푼힐 전망대에는 일출을 보러 많은 사람이 올라왔다. 누군가의 찰칵찰칵 소리를 시작으로, 타타타 타닥 파노라마 셔터가 울리는 소리까지. 사람들의 감탄과 함께 어느새 해는 완전히 모습을 드러냈다. 자연스레 온전한 모습을 드러낸 히말라야산맥도 보이기 시작했다. 최종 목적지인 안나푸르나를 시작으로 다울라기리 등의 봉우리들이 눈앞에 펼쳐졌다. 히말라야의 웅장함을 다시 한번 느끼며 그 모습을 가슴에 담았다.

  푼힐 전망대에서 ABC까지 가는 길은 아름다웠다. 트레킹 코스에서 보이는 히말라야 설산들과 수평선 너머의 산들까지, 장관의 연속이었다. 이런 길을 걷고 있으면 대자연 속에 내가 들어온 느낌이 들었다. 개인적으로 이런 것이 트레킹이 갖는 묘미 중 하나가 아닌가 싶다.

ABC 목적지에 가까워질수록 마을과 '롯지(Lodge, 산장)'가 적으므로 등산객은 대부분 한곳으로 모인다. 만났던 사람들을 계속 만나게 되기에 친분이 쌓여 자연스레 동행인이 된다. 그렇게 진호 형과 환이 그리고 지은이를 만났다. 진호 형은 네팔에 혼자 와서 가이드와 단 둘이 트레킹을 하고 있었다. 나도 혼자였기에 진호 형과 말동무를 하면서 함께 트레킹을 즐겼다. 이 인연으로 인도까지 같이 여행을 했다. 진호 형 특유의 음색과 사람 좋은 웃음이 아직도 눈에 선하다.

환이와 지은이는 푼힐 전망대에서 처음 만났고, 서로의 사진을 찍어주고 헤어졌다. 그리고는 하산 시 다시 만나게 돼 함께 온천을 즐기면서 친해졌다. 포카라로 돌아온 후, 같이 팥빙수를 먹으며 종종 어울렸다. 인도로 떠나기 전날, 둘에게 내 모습을 '캐리커처(Caricature)'한 손편지를 받았다. 그때의 감동은 감사함으로 이어졌고 한국에 돌아와서 이들에게 다시 연락을 했다. 그 인연이 현재까지 이어져 우리는 함께 종종 만나며 진호 형의 결혼식에 다 같이 참석했다.

사실, 네팔의 히말라야 트레킹을 떠올리면 이들이 가장 먼저 생각난다. 히말라야의 웅장한 산맥들도 인상적이었지만 여행지에서 만난 사람들과 함께한 추억이 더 기억 속에 남는다. 홀로 여행한 곳의 추억은 혼자 머릿속에 떠올리며, 조용히 미소를 짓는다. 하지만 함께 여행한 곳의 추억은 같이 이야기하며 서로 웃을 수 있기에, 마음속 깊은 곳에 더 오래 남기 마련이다. 그래서 난, 평생 같이 이야기하며 서로 웃을 수 있는 추억들을 만들고 싶기에 신혼여행으로 세계일주를 꿈꿔 본다.

환이와 지은이가 그려준 '캐리커처'

#14 스쿠버 다이빙의 호버링,
양수 속 태아의 편안함

세계에는 3대 블랙홀이 있다. 태국의 카오산 로드, 파키스탄 훈자 마을 그리고 이집트의 다합이다. 편안한 분위기와 값싼 물가로 여행자들이 한번 발을 들여놓으면 발을 뺄 수 없기에 블랙홀로 불린다. 나 역시 값싼 물가를 기대하며 이집트 다합에 들어왔다. 다합은 다이빙으로 유명한 세계적인 도시다. 개인적으로 물을 별로 좋아하지 않기에 다이빙에 대한 큰 기대를 하지는 않았다.

하지만 홍해에서 스노클링을 하면서 생각이 점차 변했다. 내가 알지 못하는 물속은 육지와는 완전히 다른 매력이 있었다. 더불어 한국보다 이집트 다합에서 스쿠버 다이버 자격증을 얻는 것이 가성비가 좋아, 다합에서 자격증을 얻기로 했다. 오픈워터와 어드밴스 과정을 수료하기 시작했다.

다합에서의 시간은 정말 빨리 지나갔다. 오전에 다이빙을 하고 돌아와서 잠깐 쉬다가 홍해로 나가서 수영 연습을 했다. 현지 시장 앗살라에 가서 장을 보고 한인 게스트하우스 식구들과 같이 밥을 해 먹다 보면 벌써 저녁이 됐다. 저녁이 되면, 가끔 마음 맞는 사람들과 함께 마을 주변으로 산책을 가거나 맥주 한 병을 먹으면서 하루를 마무리했다.

어드밴스 수료 마지막 날, 나와 다이버들은 다합의 다이빙 포인트인 캐년과 블루홀에서 다이빙을 했다. 블루홀이 참 인상 깊었다. 블루홀은

바다에서 스쿠버 다이빙을 즐기는 나

어둠처럼 깜깜하지만 신비로운 것이 마치 블랙홀 같았다. 다만, 블루홀의 신비함을 쫓아 한 번 떨어지기 시작하면 그 끝이 없다고 했다. 실제로 블루홀에서 다이빙 중, 몇 명의 다이버들이 끊임없이 내려가다 올라오지 못해 하늘나라로 가게 됐다. 블루홀로 다이빙을 하러 가는 길목에는 그들을 기리는 비석들이 자리해 있다.

　물속의 세계는 확실히 다른 세계다. 정말 아름다운 산호들과 이름 모를 수많은 물고기가 존재한다. 물고기도 호기심이 많은지 다이버들이 지나가면 대다수가 따라오곤 했다. 내가 다이빙을 하면서 가장 좋았던 경험은 호버링이었다. 호버링은 물속에서 무중력 상태로 떠 있는 것이다. 즉, 내 몸이 물에서 뜨지도 가라앉지도 않는다. 호버링을 잡고 물속에서 가만히 있으면서 느끼는 무중력 상태는 지금껏 느껴보지 못한 편안함이었다. 침대에 누워서 침대가 내 몸을 받치는 느낌이 아닌, 온몸이 물로 둘러싸여 있어서 둥둥 떠 있는 기분이었다. 마치 태아가 엄마

배 속의 양수에 있는 느낌이 이런 것이 아닐까, 연상케 하는 편안함이다. 이상하게도 이번이 마지막이라고 하면서 다시 한번 다이빙을 신청했다. 여행을 다니면서 산만을 주구장창 다녔는데, 살면서 물속의 맛을 아는 것도 나쁘지 않은 것 같다. 이집트 다합에 간다면 꼭 스쿠버 다이빙에 도전하는 것을 추천한다.

#15 지구상의 지옥 다나킬,
눈앞에서 펼쳐진 마그마

  사람들이 에티오피아에 왜 가는지 물어보았을 때, 나는 다나킬을 보러 간다고 대답했다.

  그리고 "다나킬이 어딘데?"라고 물으면,

  "지구상에 지옥을 표현할만한 곳이 있다면 아마 다나킬이다."

  "그런 곳을 왜 가?"

  "지옥이라고 불리니까, 궁금해서."

  라고 답했다.

  다나킬 사막으로 향하는 여정은 굉장히 복잡했다. 먼저, 에티오피아 수도 아디스아바바에서 버스로 13시간을 달려 도시 메켈레에 도착했다. 다나킬 투어는 메켈레에서 시작한다. 메켈레 시내에 있는 여행사를 통해 다나킬 투어를 예약할 수 있다. 혼자서 가는 것은 불가능에 가깝고 단체로 투어를 통해서만 갈 수 있다.

  다나킬 투어에서는 북쪽으로는 에리트레아, 동쪽으로는 지부티라는 나라들과 맞닿은 국경지대를 여행한다. 에티오피아와 두 나라의 사이가 좋지 않아서 여행객을 보호해줄 경찰과 군인을 고용해야 했다. 그러므로 여행사를 통해 투어로 진행할 수밖에 없다.

  첫날, 관광객들은 여행사로 집결해 서로 인사를 나누고 바로 목적지로 출발하게 된다. 나는 18명의 인원과 함께 3박 4일의 다나킬 투어를 했다. 지프(Jeep)에 적당한 인원수로 나눠 타기에 탑승 시 큰 불편함은 없었다. 오히려 다양한 친구를 만날 수 있어서 더욱 좋았다. 3박으로 구성된 다나킬 투어의 핵심은 활화산 에르타 알레를 보러 가는 것이었다.

활화산으로 이동하는 데는 약 3일이 걸렸다. 그 이동 과정에서 화산 지대인 다나킬 사막의 다양한 볼거리를 만날 수 있다. 강렬한 햇빛으로 물이 증발해 소금이 만들어지는 소금호수를 시작으로 소금판을 운반하는 긴 낙타의 행렬, 다양한 색깔로 드리워진 유황온천이 있는 달

운반할 소금판을
다듬고 있다

소금판을 운반하는
카멜 카라반

로 화산, 소금 결정체로 만들어진 소금산, 소금판을 채취하는 과정 등을 볼 수 있다.

다나킬 사막이 가진 별명은 '지구상의 지옥'이다. 해수면보다 약 100m 아래에 있으며 동시에 화산이 아직도 활동하고 있어 지구에서 가장 뜨거운 곳이다. 그것을 가장 잘 보여줄 수 있는 것은 아세보 지역의 메말라진 소금판들이다. 땡볕에서 이 소금들을 채취하는 사람들이 있다. 그들은 도끼로 소금을 깨서, 나무로 깨진 소금판을 들어 올렸다. 소금판을 직사각형 모양으로 다듬어 낙타들이 짊어지고 운반했는데, 소금판 한 장의 무게가 6~7kg 정도라고 했다. 투어 이동 시 만나는 긴 낙타들의 행렬은 이곳에서 시작했다. 사막을 가로지르는 낙타들의 행렬은 정말 장관이었다.

에르테 알레는 활화산으로, 현재까지 활동하고 있는 화산 중 하나다. 펄펄 끓어 오르는 용암 호수를 눈앞에서 생생하게 바라볼 수 있다. 도돔이라고 불리는 작은 마을에서 베이스캠프까지 3시간가량 트레킹 후, 베이스캠프에서 분화구까지 5분가량 야간 트레킹으로 이동했다.

베이스캠프에 도착하면 분화구에서 솟구쳐 나오는 마그마의 연기를 볼 수 있다. 이때부터 설렘은 흥분으로 바뀐다. 붉은빛을 쫓아 분화구로 향했다. 그리고 눈앞에 나타난 마그마. 눈으로 직접 본 마그마의 첫인상은 아름다움을 넘어, 경이로움 그 자체였다. 검은 어둠에 유난히 붉게 빛나는 마그마는 가히 압도적이다. 마그마와 외부 공기의 차이로 마그마 표면에 형성된 검은 층과 그 검은 층 밑을 배회하며 어디서 솟구칠 줄 모르는 붉은 마그마. 그 모습은 마치 꿈틀거리는 생명체가 숨 쉬는 모습 같았다.

마그마를 보고 돌아온 후, 잠깐 새우잠을 잤다. 아침의 마그마를 보러 다시 분화구로 향했다. 아침에 보는 마그마는 저녁에 보는 것과는 다른 느낌을 주었다. 나는 분화구 안의 마그마를 보는 순간, 초코케이크가 생각났다. 분화구 안의 마그마는, 오븐에서 갓 구워진 초코케이크가 이제 막 굳기 시작하는 것처럼 말랑말랑해 보였다. 겉은 굳었는데 한입 물면, 초콜릿이 녹아내릴 듯한 케이크.

다나킬 투어를 하고 나서 다나킬에 대한 나의 대답은 많이 바뀌었다.

"다나킬이 어딘데?"라고 물으면,

"지구상에 지옥을 표현할만한 곳이 있다면 아마 다나킬이다."

"도대체 그런 곳을 왜 가?"

"지프를 타고 바람을 맞으며 에티오피아의 대지를 달릴 수 있어. 소금 호수를 향해 가는 낙타들의 긴 행렬을 볼 수 있는데, 그 모습이 너무 장관이야. 내 눈앞에 다양한 빛을 띠는 형형색색의 유황 지대가 펼쳐져 있는데, 그 모습은 마치 다른 행성에 온 듯한 착각을 줄 정도로 낯설지만 아름다워. 그리고 결정적으로 살아 숨 쉬는 활화산을 내 눈앞에서 볼 수 있어. 분화구에서 솟구쳐 나오는 마그마는 넋을 잃고 바라보게 돼. 마그마의 모습을 무엇이라고 표현하기는 힘들지만, 굳이 표현하자면… 오븐에서 갓 구워진 말랑말랑 거리는 초코케이크 같다고 할까? 겉은 굳었는데, 한입 물면 초콜릿이 녹아내릴 듯한 케이크. 다나킬은, 지옥이라고 표현되기에는 정말로 아름답고 경이로운 곳들로 가득 찬 곳이야. 그러니 에티오피아를 가면 꼭 다나킬 투어를 가보길 권해."

라고 답할 것이다.

다양한 빛을 띠는 형형색색의 유황 지대

활발하게 활동하고 있는 마그마

#16 다이내믹했던 1,479km
아프리카 히치하이킹

아프리카 종단 여행의 마지막 예정지는 남아프리카 공화국(이하 남아공)이었다. 나미비아에서의 모든 일정을 마치고 남아공으로 이동했다. 나미비아 수도 빈트후크에서 남아공 수도 케이프타운으로 가는 방법은 아주 간단했다. 바로 빈트후크의 인터케이프 버스터미널에서 표를 사면 한 방에 남아공 케이프타운으로 갈 수 있다. 하지만 문제는 인터케이프의 푯값이 말도 안 되게 비쌌다. 편도로 약 1천~1천2백 남아공 랜드니까, 한화로 약 10만 원 내외였다. 물론 다른 업체의 버스도 있으나, 도긴개긴이다. 그리하여 우리는 다른 방법으로 케이프타운까지 가기로 했다. '내'가 아닌, '우리'인 이유는 아프리카 종단 여행을 함께한 왓심 형과 남아공까지 같이 넘어가기로 했기 때문이다.

나미비아는 열차로 빠져나가고, 남아공 국경에서 수도 케이프타운까지의 이동은 국경에서 생각하기로 했다. 대책 없이 움직이는 것 같았지만, 책상에 앉아서 생각하는 것보다는 일단 움직이는 것이 여행에서는 더 좋은 해결책을 가져다준다는 그간의 경험에, 일단 움직이기로 결심했다. 여행은 늘 계획한 일정에서 시작해 예상하지 못한 상황으로 마무리되곤 하니까. 이에 야간열차로 나미비아의 수도 빈트후크에서 남부 도시인 키트만슙까지 이동했다. 저녁 7시에 출발해 다음 날 새벽 6시 정도에 도착했다. 아프리카 열차를 처음 타는 것이라 기대가 됐다.

세월아 네월아 여유를 부리는 순간, 트럭은 잡히지 않는다

기차 칸이 두 칸인 점도 매우 신선했다. 나미비아는 그 당시 겨울이고 야간열차라서 쌀쌀했다. 나는 긴 팔을 입고 침낭을 덮고 잠을 청했다.

키트만숩에서 나미비아 남부에 위치한 국경으로 이동하기 위해 히치하이킹(Hitchhiking)을 시도했다. 여기서 한 가지 팁이 있다면 히치하이킹을 할 때는 차가 정차할 수 있는 공간에서 하는 곳이 좋다. 차 주인이 히치하이커(Hitchhiker)를 태우고 싶어서 차를 정차하려고 해도, 차를 정차할 수 없으면 그냥 지나치기 때문이다. 따라서 상대적으로 차가 많이 정차하는 주유소에서 히치하이킹 성공 확률이 높다.

히치하이킹을 위해 우리는 키트만숩에 위치한 큰 주유소로 이동했다. 그리곤 주유소 대로변에 있는 길에서 히치하이킹을 시작했다. 이 길이 나미비아 국경으로 이어지며 남아공으로 가는 길이었다. 때가 되면 알아서 차가 잡히리라 생각하고 마음 편히 세월아 네월아 여유를 부렸다. 그렇게 하다 보니 도무지 차가 잡히질 않았다. 우리는 결국 주유소로 들어갔다. 국경까지 우리를 태워줄 트럭을 직접 찾아다녔다. 남아공까지 한 번에 가고 싶었지만 그날따라 국경까지만 가는 트럭들이 많아 국경까지만 가기로 결정했다.

그런데 주유소에 앉아있으면서 가만히 살펴보니, 아프리카 현지인도 우리와 같은 방법으로 나미비아 남부로 가거나 남아공으로 이동을 했다. 물론 공짜는 아니었다. 일종의 기름값 정도만 제공하면 됐다. 당연히 이 방법이 인터케이프 버스를 타는 것보다 더 저렴했다. 우리도 트럭 아저씨에게 개인당 100나미비아 달러(한화 약 9,300원/15년 7월 기준)를 지불했다. 남아공으로 향하는 길은 그야말로 예술이었다. 따라서 누구든 이 길을 지나가게 된다면 꼭 감상하기를 바란다. 국경까지는 약 6시간 정도가 소요됐다. 아저씨와 트럭을 타고 같이 국경을 넘을 수 없어서 아저씨와는 국경 앞에서 작별 인사를 했다. 우리는 국경까지 직접 걸어갔다.

나미비아 이미그레이션에서 출국 도장을 받고 남아공 이미그레이션으로 향했다. 바로 옆에 있을 줄 알았던 남아공 이미그레이션은 한참을 걸어가서야 있었다. 남아공 이미그레이션을 가리키는 표지판에는 승용차 또는 버스와 트럭의 그림만 있었다. 걸어서 넘어가는 사람이 그만큼 드물다는 것을 알 수 있었다. 남아공 이미그레이션에서 입국 도장을 받고 나오면 그때부터 남아공 여행이 시작된다. 한국은 무비자로 30일이 가능했다. 남아공은 에이즈 위험 국가답게 이미그레이션 출구 옆에 무료 콘돔 박스가 있었다. 조심하자.

남아공 이미그레이션을 나가는데 이미그레이션 경찰이 우리에게 어디를 가는지를 물어보았다. 케이프타운으로 간다고 하니, 어떻게 갈 것인지 되물었다. 히치하이킹 아니면 이곳에서 케이프타운으로 가는 버스를 탈 예정이라고 대답했다. 경찰 아저씨가 자신 있게 말했다.

"내가 도와줄게."

그리고 20분 뒤, 정말로 경찰 아저씨가 케이프타운으로 향하는 차를 잡아주었다. 이미그레이션을 통과하는 대부분의 차가 케이프타운으로 향했다. 차가 지나갈 때마다 경찰 아저씨가 차를 잡고 우리를 케이프타운까지 태워줄 수 있는지 물어봐 줬다. 경찰 아저씨 덕분에 우리는 케이프타운으로 향하는 영국 신사의 차에 탑승할 수 있었다. 그분이 운전을 굉장히 스피드 하게 해서, 국경에서 케이프타운까지 약 800km가 넘는 거리를 6시간 만에 돌파했다. 이렇게 우리는 밤늦게 케이프타운에 무사히 입성했다.

나미비아 빈트후크에서 나미비아 키트만숩까지 야간열차로 140나미비아 달러(한화 약 1만 3,000원),

나미비아 키트만숩에서 남아공 국경까지 히치하이킹으로 100나미비아 달러(한화 약 9,300원),

남아공 국경에서 남아공 케이프타운까지 경찰 아저씨가 잡아준 차로 0나미비아 달러,

나미비아 빈트후크에서 남아공 케이프타운까지 총 240나미비아 달러(한화 약 2만 2,000원)로 이동을 했다.

나름 가성비가 괜찮은 루트 같다. 나미비아에서 남아공까지 이동할 계획이 있다면 우리와 같은 루트로 이동해보기를 권한다.

남아공 국경까지 걸어가다

#17 머리의 끝판왕 레게머리,
드레드락을 하다

　남미의 첫 여행지는 브라질이었다. 브라질의 리오 데 자네이루에 도착해 세계 신 7대 불가사의 중 하나인 예수상을 보고 바로 상파울루로 넘어왔다. 이집트에서 같이 사기 투어를 당하고(Part 2, #10 이집트 사기 투어의 실체에서 더 자세한 얘기를 만날 수 있다) 인연을 맺은 브라질의 세르지오 부부를 만나기 위해서였다. 상파울루에는 아침에 도착해서 바로 세르지오의 집으로 향했다. 브라질 공무원인 세르지오는 나를 픽업하기 위해 하루를 재택근무 신청했다고 했다. 반가운 세르지오와 그동안 어떻게 지냈는지 서로 대화하며 반가움을 해소했다. 특히 이집트 사건의 마무리를 매우 상세하게 전하며 세르지오의 궁금증을 해소해 주었다. 재택근무 중이던 세르지오는 마저 일을 하고 나는 상파울루 시내로 향했다.

　내 버킷리스트 중 하나에는 바로 드레드락, 즉 레게머리를 하는 것이 있었다. 세르지오가 흑인 머리로 유명한 헤어숍을 소개해주었다. 그곳에서 드레드락을 시도했다. 자연모로 땋아서 드레드락을 하는 것이 청결과 유지에 더 좋다고 알고 있었다. 하지만 자연모로 드레드락을 하기에 내 머리카락 길이는 너무나도 짧았다. 대신 내가 기른 머리카락과 가짜 머리카락을 이어 붙여 드레드락을 완성했다. 가짜 머리카락의 촉감이 머리에 닿을 때마다 낯설었지만 금방 적응이 됐다. 완성된 드

세르지오 부부와 함께

레드락을 한 나의 모습은 참으로 오랑캐 같았지만 기분은 좋았다. 내가 살면서 지금 아니면 언제 레게머리를 해 볼 수 있을까? 도전은 늘 아름다운 것이다.

드레드락을 하고 나서의 가장 큰 변화는 흑인들이 나를 대하는 태도였다. 평소 여행지에서 흑인들을 만나면 서로 아무런 인사가 없었다. 공통분모가 전혀 없었기 때문이다. 하지만 드레드락을 하고 나서 흑인들을 만나면 흑인들이 다음과 같이 먼저 안부 인사를 건네주었다.

"Hey, Brother~ What's Up?(안녕, 친구~ 요즘 잘 지내?)"

그 외에도 레스토랑 카운터를 보는 흑인 누나들의 윙크와 미소를 종종 받은 적이 있다. 그들은 자국의 문화인 레게머리를 동양인이 한 것을 신기해하면서도, 긍정적으로 바라보았다. 자국의 문화를 외국인이 체험하고 공유한다는 것. 그들의 입장에서는 반가울 것이다. 마치 외국인이 전통한복 또는 개량한복을 입고 인사동을 돌아다니는 것을 보면 우리가 자연스레 미소를 짓는 것처럼 말이다.

드레드락 머리를 완성하고 세르지오 집으로 돌아오자 세르지오와 그의 부인 파비아나는 나의 드레드락에 웃음을 지었고, 용기에 큰 박수를 보냈다. 이어 파비아나가 준비한 훌륭한 음식들과 내가 준비한 고추장을 함께 먹으며 우리는 저녁을 같이 먹었다. 저녁을 먹고 난 후, 우리 셋은 이집트 이야기를 시작으로 그동안 못다 한 이야기를 나누었다. 세르지오가 애주가여서 집에는 다양한 술들이 이미 준비돼 있었다. 내가 좋아하는 위스키인 베일리스 아이리시 크림을 시작으로 이름 모를 다양한 양주들을 맛볼 수 있었다.

여행을 매우 좋아하는 세르지오 부부는 매년 다양한 나라를 여행했다. 그래서 부부와 내가 갔던 여행지가 겹치면 그곳에서의 에피소드를 서로 공유하기도 했다. 또 그들이 앞으로 가보고 싶은 나라가 내가 미리 여행했던 나라이면 주의할 점과 꼭 가봐야 할 곳들을 추천해줬다. 세르지오 부부의 여행 계획 중에 한국도 포함돼 있다고 했다. 그들이 곧 한국에 와서 다시 만나기를 기대한다. 애주가인 세르지오에게 소맥과 막걸리를 하루빨리 소개하고 싶다.

첫인상은 오랑캐 같았지만 이내 머리가 풀리며 점점 자연스러워졌다

Part 2
여행지에서 겪은 다사다난한 사건사고

　내 여행은 참으로 다사다난했다. 대륙별로 1번씩, 총 5번의 소매치기를 당했다. 전적은 5전 2승 3패. 소매치기를 당해 잃어버린 물건을 두 번은 찾았고 세 번은 찾지 못했다. 결국 세 번이나 카메라를 재구매하면서 재정난은 찾아왔다.

　돈이 부족하니 돈을 아낄 수밖에 없었다. 따라서 돈을 사용하는 우선순위 3가지를 정했다. 그중 마지막이 숙박비였다. 숙박비를 아끼려고 야외에서 노숙을 했다. 멋진 자연을 바라보며 텐트를 치고 자는 노숙은, 참으로 낭만적인 일이었다. 다만 처음에는 낭만으로 시작한 일이 예상치 못한 손님들의 방문으로 가끔 소위 말하는 개고생으로 바뀌고는 했다. 그 개고생은 지금부터 웃으면서 말하는 에피소드의 근간이 되었다.

　여행을 다채롭게 하는 팁을 공유하자면 의식주 중에서 한 가지가 사라지면 된다. 그럼 그 여행은 힘들어지면서 다사다난해진다. 그 경험은 살면서 해보지 않아도 될 경험들이지만, 여행에서만 할 수 있는 경험들이기도 하다. 그 경험이 특별한 에피소드로 이어졌고, 지금까지도 나의 소중한 추억들이 됐다.

#1 세계여행 신고식,
소매치기

캄보디아의 세계문화유산 앙코르와트를 보러 설렘을 안고 씨엠립에 도착했다. 하지만 씨엠립에서는 설렘보다 흥분과 초조함으로 예상했던 기간보다 많이 머무르게 됐다. 바로 소매치기를 당했기 때문이다. 여행을 다니며 총 5번의 소매치기를 당했는데, 그중 첫 번째 소매치기였다. 장기간의 여행을 하는 여행자들은 오랜 기간 여행을 하므로 잊지 못할 사건사고가 한 번씩은 일어난다. 흔히 신고식이라고 불리는 여행의 첫 사건사고. 나에게 그 신고식은, 소매치기였다. 심지어 나는 그 신고식을 여행 시작한 지 1달도 채 되지 않아서 아주 화끈하게 치렀다.

앙코르와트는 너무 큰 유적이어서 3일의 기간을 두고 둘러봐야 한다. 구경하는 방법도 이동 수단에 따라 다양하다. 이 중, 나는 자전거를 선택했다. 자전거 렌탈(Rental) 업체에서 앞 바구니가 달린 자전거를 빌렸다. 자전거 투어는 모든 유적지를 자전거로 이동해야 했다.

앙코르와트 투어 둘째 날 사건은 발생했다. 앙코르와트의 멋진 일출을 보기 위해 새벽 4시에 기상했다. 서둘러 준비를 마치고 새벽 4시 30분에 게스트하우스를 나왔다. 멋진 일출을 기대하며 부픈 마음을 안고 앙코르와트로 출발했다. 아이패드 미니에 이어폰을 꽂아 음악을 들으며 자전거 페달을 밟기 시작했다. 일출을 보기엔 늦었다는 생각에 큰길 대신 지름길인 조그만 길목으로 들어섰다. 주변이 어두웠기에 긴장을 하며 자전거 페달을 밟고 있었다. 그러던 어느 순간, 두 명의 현지인이 타고 있는 1대의 오토바이가 나에게 접근하기 시작했다. 느낌이 좋지 않았다.

오토바이가 내 자전거 옆에 붙더니, 갑자기 "Excuse Me?(실례합니다?)"라고 말을 건넸다. 내가 대답을 하려고 귀에서 이어폰을 빼는 순간, 그들은 앞 바구니에 둔 가방을 낚아채 갔다. 순간 '무슨 일이 벌어진 것이지'라는 생각과 동시에 내 눈앞에서 가방이 점점 멀어지는 것을 보며 깨달았다. 바로 말로만 듣던 소매치기를 당한 것이다.

이렇게 여행을 시작한 지 1달도 채 되지 않아서 모든 중요 장비를 잃어버렸다. 첫날에는 자전거 앞 바구니에 가방을 놓고 다녀도 아무런 문제가 있지 않았다. 그랬기에 둘째 날에도 무방비 상태로 앞 바구니에 가방을 놓고 있었다. 가방에는 모든 것이 들어있었다. 앙코르와트 유적에 관해 공부한 자료들이 들어 있는 아이패드 미니를 시작으로 카메라, 핸드폰, 선글라스 등. 더불어 전날 뽑은 미화 250달러(한화 약 25만 원/2014년 6월 기준)까지 모두 가방에 들어있었다.

평상시 나는, 내가 소매치기를 당하면 어차피 잃어버린 것 쿨하게 잊어버리자! 라는 마음을 갖고 있었다. 하지만 현실에서의 나는, 순간적으로 나의 허벅지에 있는 모든 실핏줄이 터질 만큼 페달을 절박하게 밟기 시작했다. 그리고 그들을 향해 소리쳤다.

"I give you one thousand dollars. Please come back!!(내가 100만 원 줄게. 제발 돌아와!!)"

캄보디아 사람들의 평균 월급이 미화 70~80달러(한화 약 7만~8만 원)임을 감안할 때, 미화 1천달러(한화 약 100만 원)는 연봉보다 많은

자전거를 타고 이동할 수 있는 앙코르와트 내부의 길
자전거에는 앞 바구니가 달려 있다.

돈이었다. 하지만 당신이 소매치기 범인이라면 멈추겠는가? 그렇다. 그
들은 멈추지 않았고, 3분도 안 돼서 나를 따돌렸다. 나는 이렇게 순식간
에 소매치기를 당했다. 그들을 찾으러 2시간 동안 씨엠립 곳곳을 혼자
돌아다녔다. 하지만 찾지 못했다. 그때 어디선가 익숙한 소리가 들려왔
다. 바로 내 배에서 들리는, 꼬르륵 소리. 숙소로 돌아와 조식을 먹었다.
그 와중에도 밥은 잘 들어갔다.

　일단 현재 묵고 있는 로컬 게스트하우스에서 근처의 한인 게스트하
우스로 자리를 옮겼다. 한인 사장님께 사정을 말하고, 돈은 나중에 드
릴 테니 하루 정도 머물 수 있느냐고 양해를 구했다. 사장님께서 흔쾌
히 수락을 해주셨고, 4인실 에어컨 도미토리 방을 내어 주었다. 한인
사장님에게 소매치기를 당해 잃어버린 물건을 찾을 수 있는지 물어봤

다. 경찰에게 부탁해도 찾을 수가 없다고 했다. 범인 얼굴도 희미하고 오토바이 번호도 보질 못했기에 찾을 방법이 없었다. 잃어버린 물건들에 대해서는 포기를 했다. 포기하니 정말 마음이 편해졌다. 순간적으로 이번 소매치기가 여행을 마치고 귀국하라는 하늘의 뜻인지 생각해보았다. 하지만 그렇지 않았다. 그렇기에는 내가 잃어버린 물건들이 소모품이어서 다시 사면 되는 것들이었다. 다행히도 제일 중요한 여권은 잃어버리지 않았다.

마침 자전거 렌탈 업체에서 자전거를 빌릴 때, 여권을 보증금 대용으로 보관했던 것이 신의 한 수였다. 원래는 보증금으로 미화 20달러(한화 약 2만 원)를 받지만, 그 당시 내 수중에 미화 20달러가 있지 않아 여권을 맡겼던 것이다. 이렇게 여권은 사수했으니 여행은 지속할 수 있었다. 마음을 편하게 갖고 자전거 렌탈 업체로 향했다. 이때부터 재미있는 일이 벌어졌다.

#2 소매치기범을 발견하다, CCTV 입수

  자전거를 반납하러 가니 직원이 영수증을 확인한다고 영수증을 요구
했다. 그래서 말했다.

  "내가 오늘 아침에 소매치기를 당해서 영수증이 들어 있는 지갑을 잃
어버렸어. 그래서 영수증이 없어."

  갑자기 직원들이 웃으며 어디론가 전화를 했다. 나보고 통화를 하라
며 전화기를 넘겨주었다. 통화 내용은, 내가 소매치기를 당한 사실 여
부를 확인하고 나의 가방을 찾았다는 것이었다. 도대체 '어떻게'라는 의
문과 함께 가방을 찾은 장소로 바로 이동을 했다. 장소는 호주 부부가
운영하는 작은 옷 가게였다. 가게에 가보니 잃어버린 나의 가방이 정
말로 있었다. 부부가 가방을 어떻게 발견했는지 CCTV를 보면서 설명
을 해주었다.

  범인들은 내 가방을 훔치고 달아나면서 옷 가게 앞에서 멈췄다. 옷 가
게 앞에서 가방 속에 있는 물건들만 훔치고 가방은 버리고 도망갔다. 아
침에 출근한 옷 가게 사장님이 가게 앞에 버려진 가방을 발견했다. 이
가방은 전날 가게 앞에 없었고 현지인들이 사용하기에는 다소 비싼 가
방이었다. 이상함을 느낀 사장님이 가게에 있는 CCTV를 확인했다고
했다. CCTV 속에는 범인들의 범죄행위가 녹화돼 있어서 그는 이 가방
이 소매치기를 당한 가방이라고 확신했다고 설명했다.

CCTV에 포착된 범인 인상착의

다행히도 내 가방 속에는 자전거 렌탈 업체에서 자전거를 빌리면서 받은 영수증이 들어있었다. 영수증을 보고 사장님께서 자전거 렌탈 업체로 연락을 한 것이다. 그리고는 업체 직원에게 친절히 소매치기당한 가방과 영수증에 적힌 내 이름까지 언급하면서 자신의 번호를 남겼다. 덕분에 나는 사장님과 통화 후, 그 가게에 방문해 가방을 돌려받을 수 있었다. 혹시나 했지만 역시나 아이패드 미니, 카메라, 핸드폰은 모두 분실된 상태였다. 불행 중 다행이라면 이유는 모르겠지만 지갑은 고스란히 있었다. 지갑 속에 앙코르와트 표도 온전히 남아 있었다. 앙코르와트만큼은 보고 가라는 범인들의 배려였을까.

또 한 가지 재미있는 사실은 CCTV였다. 일반적으로 캄보디아 가게에 CCTV가 설치된 곳은 흔치 않다. 그런데 가게를 운영하는 이 호주 부부는 종업원에게 일을 맡기다 보니, 보안상 가게에 CCTV를 설치했다고 말했다. 그들은 호주에서 은퇴를 하고 캄보디아에서 작은 옷 가게를 운영하면서 노후를 보내는 중이라고 했다. 그리고 범인들은 씨엠립의 수많은 가게 중에서 하필(!!)이면, CCTV가 설치된 가게에서 물건을 훔치고 달아났던 것이다. 나는 재수가 좋았지만 소매치기 범인들은 재수가 없는, 정말 재미있는 일이었다. CCTV 증거 자료를 입수했으니 이제 경찰서로 범인들을 신고하러 갔다. 나는 범인들을 잡을 수 있겠다는 희망으로 걸음을 옮겼다.

#3 적반하장의 관광 경찰서,
분실 신고서를 못 내준다?

CCTV에는 소매치기 범인들의 얼굴과 범죄행위가 모두 기록돼 있었다. 증거물로써는 완벽한 CCTV 영상 원본을 옷 가게 사장님으로부터 건네받을 수 있었다. 증거물을 접수했으니 이제 신고를 하러 경찰서로 향했다. 하지만 시내 경찰서는 너무 작고 영어가 되지 않아 앙코르와트 티켓 오피스 옆에 있는 관광 경찰서로 향했다.

관광 경찰서에서 사건 접수를 시작했다. 구두 접수 과정에서 자신 있게 증거물을 제시했다. 하지만 USB에 넣어간 CCTV 영상이 경찰서의 컴퓨터에서 재생되지 않아 살짝 당황했다. 하지만 더 황당한 것은 그들의 적반하장 식의 태도였다. 사건이 발생했을 때, 왜 처음부터 경찰에 알리지 않았는지 나를 추궁했다. 더불어 나는 현재 가방을 찾았는데 무엇을 더 원해서 경찰에게 찾아왔는지를 물어보았다. 오히려 내가 도난 보험금을 받기 위해 스스로 범죄행위를 기획한 것은 아닌지 의심했다. 정말 많이 황당했지만 경찰 입장에서는 그렇게 이해할 수도 있겠구나 싶어서 일단 침착했다. 다시 처음부터 상황을 차분하게 얘기하고, 결국에는 정상적으로 사건 접수를 할 수 있었다. CCTV 영상은 이메일을 통해 증거물로 정식 제출했다.

하지만 물건을 단시간 내에 찾기는 불가능했다. 사건이 발생한 지 벌써 3일이 지난 시기여서 그들이 전자 기기들을 팔았을 가능성이 너무

경찰관에게 CCTV 영상을 보여주며 진술서를 쓰고 있다

높았다. 경찰관이 CCTV의 범인 얼굴을 살피더니, 캄보디아 국민이기보다는 태국 또는 베트남 국민일 가능성이 높다고 했다. 많이 황당했지만 이제는 그러려니 했다. 더욱더 중요한 것은 관광 경찰관이 사건의 경위를 파악하고 물건을 찾는 데는 많은 시간이 걸리지만, 나는 다음 날 프놈펜으로 이동을 해야 한다는 사실이었다. 그래서 잃어버린 물건들에 대한 분실 신고서 발급을 요청했다. 하지만 관광 경찰관은 사건의 경위를 파악하는 데 시간이 걸린다는 이유로, 끝까지 분실 신고서를 발급해주지 않았다. 이메일을 남기면 물건을 찾았을 경우 이메일로 회신해준다고 했다. 하지만 5년이 지난 지금까지도 캄보디아 관광 경찰서로부터 어떤 이메일을 받은 사실이 없다.

우여곡절 끝에 캄보디아 관광 경찰서와 이야기를 마치고 허탈하게 주린 배를 움켜쥐고 국숫집으로 향했다. 캄보디아 사람이 운영하는 가게인 줄 알고 들어갔는데 한국인 분이 서빙을 하고 있었다. 그 한국인 종업원(내가 당시 '선생님'이라고 호칭했던 이분은, 나의 틀림없는 은인이었다)은 캄보디아에서 5년 동안 거주했다고 하셨다. 그렇기에 그 누구보다 캄보디아 말을 유창하게 할 줄 아셨다. 그분과 이런저런 이야기를 나누다, 결국 현재 나의 상황을 얘기하게 되었다.

프놈펜으로 떠나기 마지막 날, 나는 국숫집에서 인연을 맺은 종업원의 도움으로 분실 신고서를 받을 수 있었다. 그분은 관광 경찰서가 아닌 바로 캄보디아 한인회를 찾아가 유창한 캄보디아 말로 상황 설명을 했다. 덕분에 캄보디아 한인회에 있는 이민국 경찰에게서 바로 분실 신고서를 발급받을 수 있었다. 나는 감사의 의미로 식사 한 끼를 대접했다. 이 글을 통해서 다시 한번 감사의 인사를 드린다.

캄보디아의 씨엠립. 누군가에게는 앙코르와트로 기억될 도시지만, 적어도 나에게는 세계일주의 신고식을 치른, 소매치기를 당한 도시로 기억하게 됐다. 누구든지 앙코르와트를 보러 갈 시에는, 일출을 보러 가는 새벽길을 조심하고 또 조심하자.

#4 유럽의 발코니에서
노숙자로 쫓겨나다

유럽의 발코니라고 불리는 룩셈부르크에 도착했다. 유럽 여행 시 독일에서 또 소매치기를 당했다. 새 카메라를 다시 구입하면서 예정 예산에서 초과 지출이 발생했다. 초과 지출이 발생한 만큼 돈을 아껴야 했다. 돈을 사용할 때, 개인적으로 생각하는 우선순위 3가지가 있었다. 첫 번째 순위는 문화재와 유적지로서 그 나라에서만 볼 수 있는 랜드마크의 입장료에는 절대로 돈을 아끼지 않았다. 그 나라에 있는 유적들은 그 나라에서만 볼 수 있는 것으로 그 유적들을 한국에 옮겨와서 볼 수는 없기 때문이다. 두 번째 순위는 음식이다. 현지에서 사 먹는 로컬 음식이 정말 최고지만 그 음식을 한국에서도 맛볼 수 있기 때문에 첫 번째 순위에서 밀렸다.

마지막 순위는 숙소다. 내 여행 테마가 하늘을 지붕 삼고, 땅을 이불 삼는 것이다. 이 뜻은 세계를 품는 것도 있지만, 한편으로는 하늘을 바라보고 자연에서 캠핑을 하며, 때로는 땅바닥을 이불 삼아 노숙을 한다는 의미도 내포했다. 이를 위해 아이슬란드 워크 캠프에서 캠핑을 배운 후 텐트를 하나 샀고 그 텐트를 갖고 다니며 경치가 좋은 곳에서 텐트를 치고 잠을 청했다.

여행을 다닐 때는 두 개의 배낭을 앞뒤로 메고 다녔다. 숙소를 잡는 날이 드물었기에 큰 배낭은 항상 지하철역의 로커룸(Locker room)에 보관하고 작은 배낭만 들고 다녔다. 저녁이 되면 다시 로커룸으로 돌아와 큰 배낭을 찾아, 낮에 여행 다니며 봐둔 적당한 곳에 텐트를 쳤다. 룩셈부르크 역의 유인 로커룸은 3유로(한화 약 4,000원/14년 8월 기준)로 숙박비보다 저렴했다. 큰 배낭도 내려놨으니 이제 룩셈부르크를 둘러보러 나갔다.

먼저, 룩셈부르크의 랜드마크인 아돌프 다리로 향했다. 아쉽게도 공사 중이어서 아돌프 다리의 전면을 보지는 못했다. 하지만 이 아쉬움을 달래줄 무언가가 있었으니 바로 유럽에서 가장 아름다운 발코니라고 불리는 코니쉬(Corniche)였다. 코니쉬란, 룩셈부르크 자체가 요새로 돼 있는 성채 도시이기에, '절벽 위에 있는 산책로' 정도로 이해해도 무방하다.

코니쉬를 산책하다 보면 마을이 한눈에 보이는 뷰 포인트를 만날 수 있다. 뷰 포인트에서 바라보는 마을의 모습은 요새 속에 자리한 고딕풍의 느낌이 물씬 나는, 마치 중세 영화에 나올 법한 마을이었다. 그 뷰가 유럽에서 최고로 아름다워 유럽 최고의 발코니라는 수식어가 붙지 않았는가 싶다. 그 수식어에 공감하며 오늘은 이곳에서 텐트를 치고 자야겠다고 결심했다.

룩셈부르크의 모든 일정을 마치고 오후 9시가 넘어서 뷰 포인트로 다시 향했다. 밤에 바라본 마을은 또 다른 따뜻한 느낌이었다. 마을의 모습을 한눈에 담고 있어서 그런지, 마을은 품에 안을 수 있을 정도로 소박한 모습으로 다가왔다. 가정집에 켜진 불빛과 코니쉬의 길가를 따라 들어선 빨간 불빛의 가로등은 분위기를 한층 더 따뜻하게 만들었다. 그렇게 나는 분위기에 젖어 한참을 서서 마을을 감상했다. 그리고 마을을 바라볼 수 있게 텐트를 쳤고 텐트에서 마을을 바라보며 잠을 청했다. 신

유럽의 발코니에서 바라본 풍경

선한 날씨와 따뜻한 마을을 바라보며 잘 수 있는 텐트는 평화 그 자체였다. 그 어떤 5성급 호텔도 부럽지 않았다.

하지만 이 평화는 새벽에 방청객이 나타나면서 깨지게 됐다. 새벽이 되니 코니쉬를 순찰하는 경비원들이 내 텐트를 두드렸다. 이곳에서 텐트를 치며 캠핑을 하는 것은 금지라고 했다. 심지어 그들은 나를 노숙자로 취급하며 쫓아내려고 했다. 나 말고도 공원 근처에서 잠을 자는 집시들이 많아서 경비원은 매우 예민한 상태였다. 처음에는 강하게 텐트를 치우라고 했지만 확실한 신분인 대한민국 여권과 새벽 6시에 독일 쾰른으로 출발하는 기차표를 보여주니 흥분을 많이 가라앉혔다.

한참의 대화 끝에 새벽 4시까지 텐트를 철수하겠다는 조건을 걸고 잠깐 머무는 것을 허락받을 수 있었다. 나는 텐트에서 새우잠을 좀 더 자고 새벽 4시에 칼같이 텐트를 철수했다.

사람들은 묻는다. 왜 밖에서 텐트를 치고 자며 사서 고생을 하느냐

뷰 포인트 앞에 친 텐트, 5성급 호텔이 부럽지 않다

고. 나는 다음과 같이 대답한다. 그 나이 때와 그 순간에만 할 수 있는 경험이 있다고. 한 마디로, 20대이기에 텐트를 치고 잘 수 있었다. 나이가 좀 더 들면 아무리 텐트에서 자고 싶어도 몸이 버텨내지 못한다. 그때는 선택의 여지없이 호텔에 갈 수밖에 없다. 더군다나 남자 혼자 다녔기에 텐트를 치고 잘 수 있었다. 신혼여행을 가서도 텐트를 치고 잘 수는 없지 않은가?

여행에는 정답이 없으니 개인의 취향대로 다니면 된다. 내 취향은 텐트였다. 나는 길을 걷다 아름다운 풍경이 나오면 텐트를 치고 그 풍경을 창문 삼아서 잠을 청했다. 그것은 텐트이기에 가능한 낭만이었다. 다만 가끔씩 초대하지 않은 손님이 텐트를 두드리기도 했다. 초대하지 않은 손님에는 사람 외에 자연도 포함됐다. 그럴 때는 임기응변을 발휘해 재주껏 상황을 대처하면 된다. 동시에 경험치는 한 층 더 쌓여 간다. 나는 그 낭만이 아직도 가끔씩, 그립다.

#5 부다페스트 야경을 보며, 눈물을 훔치다

　헝가리의 수도는 부다페스트다. 부다페스트는 유럽 3대 야경 도시 중 하나로 알려져 있지만 개인적으로 유럽 최고의 야경 도시라고 생각한다. 프랑스 파리와 체코 프라하보다 헝가리 부다페스트 야경이 개인적으로 더 아름다웠다.

　헝가리의 야경을 보는 장소는 두 곳이 있다. 부다페스트를 가로지르는 도나우 강을 기준으로, 부다페스트 시가지와 부다 왕궁에서 각각 야경을 볼 수 있다. 시가지에서 부다 왕궁을 바라보는 야경과, 반대로 부다 왕궁에서 시가지를 바라보는 야경이다. 개인적으로는 부다 왕궁에서 바라본 시가지의 야경이 더 아름다웠다. 특히, 유럽에서 영국 다음으로 웅장한 헝가리 국회의사당이 하이라이트다. 저녁에 바라보는 금빛의 국회의사당은 백문이 불여일견이다. 동유럽에 간다면 꼭 하루를 시간 내어 헝가리 부다페스트의 야경 보기를 추천한다.

　부다 왕궁에서 부다페스트 시가지의 야경을 한눈에 담고, 이제는 야경 속으로 직접 걸어 들어갔다. 도나우 강을 따라 줄지어 서 있는 여러 개의 레스토랑. 각 레스토랑에서 흘러나오는 잔잔한 불빛들. 레스토랑의 맛있는 음식과 와인을 즐기는 각양각색의 사람들. 그 순간에 생동감을 불어넣는 사람들의 대화 소리와 웃음소리. 더불어 도나우 강 밑에서 열리는 헝가리 사람들의 댄스파티. 이 모든 요소들이 합쳐져 유럽 최고의 야경을 자아냈다.

유럽 최고의 야경을 보면서 나는 바게트를 먹고 있었다. 그런데, 눈으로는 최고의 야경을 보고 있지만 입으로는 1유로 바게트를 먹고 있는 배고픈 현실에, 갑자기 눈물이 흘러내렸다. 그때 왜 눈물이 나왔을까? 정말 배가 고파서 눈물이 나왔을까? 아니면 초라한 나의 모습에 스스로 동정을 한 것일까? 이유는 가물가물하지만 백만 불짜리 야경을 보며 눈물을 흘렸던 나의 모습은 정확히 기억할 수 있다.

그 당시 눈물을 훔치며 여행의 어원을 찾아보았다. 여행을 뜻하는 영어 단어 '트래블(Travel)'의 어원은 '트래베일(Travail, 고통/고난)'이다. 집 나가면 개고생이라는 한국 속담처럼, 사실 여행은 그 자체가 고생의 연속일 수 있다. 하지만 그 고생의 순간들이 지금 돌이켜보면 웃으며 말할 수 있는 하나의 추억거리가 되었고, 그 시기에만 할 수 있었던 값진 경험이 되었다. 그래서 나는 장기 여행을 떠나는 지인들에게 늘 말한다.

"여행에서 많은 에피소드와 추억거리를 만들고 싶니?

그럼, 의식주 중에서 하나만 빠지면 된단다.

그럼, 그때부터 고생이 시작되고 훗날 곱씹을 추억거리가 많이 생길거야!"

부다 왕궁에서 바라본 부다페스트 시가지

헝가리 국회의사당

#6 텐트가 선물한 뜻밖의 운치,
물안개 낀 할슈타트

오스트리아에서 가장 기대한 여행지는 할슈타트였다. 실제 방문한 할
슈타트 마을의 첫인상은 동화 속에 나오는 마을 같았다. 새벽부터 힘들
게 찾아온 보람이 있을 정도로 매우 아름다웠다. 할슈타트 호수를 둘러
싸고 있는 산들, 산 아래에 위치한 동화 같은 마을, 그리고 산에 살며시
얹혀있는 구름들. 천혜의 자연들이 어우러져 할슈타트 마을의 고즈넉
한 분위기를 자아냈다. 이어 할슈타트 마을을 둘러보고는 맞은편에 있
는 오버트라운으로 향했다. 할슈타트 마을을 바라보며 텐트를 칠 수 있
는 유일한 장소였기 때문이다.

뷰 포인트에서 바라본 동화 같은 할슈타트 마을

어둠 속에서 수면 위를 유영하던 두 마리의 오리

오버트라운에서 텐트를 치고 텐트 문을 열었다. 고요한 할슈타트 호수와 서서히 불이 들어오는 할슈타트 마을이 보였다. 잔잔한 물결 위에 비치는 구름들이 걷히며 오리들이 그 위를 거닐었다. 오늘 하루를 보상해줄 음식들로 배를 채우며 서서히 포만감에 취했다. 호숫가에서 혼자만의 사색을 즐기다 점점 무거워지는 눈꺼풀에 저항하지 않았다. 그렇게 고즈넉한 할슈타트 호수를 바라보며 잠자리에 들었다.

혹시나 했는데 역시나, 평화롭던 내 잠자리에는 이번에도 예상치 못한 손님이 찾아왔다. 이번에는 하늘에서 내려온 빗물이었다. 내 텐트는 방수가 되지 않는 텐트여서 비가 오면 내부가 그대로 물로 가득 찬다. 결국, 텐트 안에 수증기처럼 맺히던 이슬들이 물방울이 되어 이마에 떨어졌다. 침낭과 옷이 다 젖어서 새벽 4시에 결국 텐트 밖으로 나왔다. 그리고 한 장면을 보았다.

적막한 고요함과 칠흑 같던 어둠 속에서 수면 위를 유영하던 두 마리의 오리. 오리들을 감싸고 있는 자욱한 물안개. 안개 너머로 희미하게 보이는 할슈타트 마을의 불빛들. 어느 여행자의 말에 의하면, 호숫가의 마을은 비가 내리고 난 후 약간의 물안개가 낀 상태가 정말 운치 있다고 했다. 실제로 그 장면을 목격하니 말문이 막히고 넋을 놓아 바라보게 됐다. 카메라가 아닌, 눈과 가슴에만 담기는 그런 장면이었다. 텐트가 선물한 또 하나의 운치였다. 유럽 여행 중 어디가 제일 좋았냐는 질문에 나는 주저 없이 할슈타트를 뽑는다. 유럽에서 오스트리아 할슈타트를 빼고는 유럽 여행을 논하지 말자.

오버트라운에서의 잊을 수 없는 캠핑

물에 젖은 캠핑용품을 자연 건조하고 있다

소금 광산에서 내려다본 할슈타트 전경

#7 세븐 레이크에서 만난 천사,
죽다 살아나다

그리스에서 만난 친구들의 추천대로 불가리아 세븐 레이크에 도착했다. 불가리아 세븐 레이크는 정상에서 경치를 둘러보면 일곱 개의 호수를 한눈에 볼 수 있다고 해서 붙여진 이름이다. 호수마다 특징이 있지만 정상에서 바라보는 일곱 개 호수의 전경은 정말로 장관이다.

백패커의 여행 핵심은 뚜벅이기 때문에 자신 있게 세븐 레이크 정상을 향해 걸어 올라갔다. 산에 올라가면서 일곱 개의 호수를 하나씩 만날 수 있었다. 이 중, 두 번째 호수를 눈여겨봤다. 호수 옆에 산장이 있었기 때문이다. 앞에는 호수가 있고 뒤에는 산장이 있으니 텐트 치기에는 정말 좋은 장소였다. 호수에서 물을 퍼 와 요리를 할 수 있으며, 비가 오면 산장 지붕 밑으로 텐트를 옮겨 비를 피할 수 있었다. 오늘 밤 텐트를 치고 캠핑을 하기에 정말 훌륭한 장소였다.

세 번째 호수를 만났을 때, 하늘에 먹구름이 끼기 시작했다. 먹구름을 보니 불안해졌다. 무슨 이유로 이러한 느낌은 한 번도 틀린 적이 없을까. 비가 내리기 시작하면서 사람들은 하나둘 하산하기 시작했다. 하지만 비가 오는 것을 반대로 생각하면, 비가 그치면 날씨가 개이므로 환상적인 경치를 제공해준다는 것이다.

여섯 번째 호수를 지나, 정상으로 불리는 일곱 번째 호수에 도착했다. 그러나 눈 앞에 펼쳐진 경치는 장관이 아닌, 비로 인해 만들어진 자욱한 안개였다. 이미 젖은 몸, 비가 그치기만을 기다렸다. 혼자서 사진을 찍으면서 기다리길 30분. 안개가 개면서 비가 멈추었다. 눈 앞에 펼쳐진 일곱 개의 호수는 아름다웠다. 세븐 레이크의 전경을 한참을 바라보며 눈과 가슴에 담았다.

해가 진 산은 너무 위험하므로 해가 지기 전에 올라오면서 봐 뒀던 두 번째 호수 산장으로 서둘러 이동했다. 두 번째 호수에서 바라보는 정상의 뷰는 매우 아름다웠다. 이 맛에 텐트를 친다고 여겼다. 그런데 내가 텐트를 치는 것을 보더니 산장 아주머니가 다가왔다. 그녀는 이곳에서 텐트를 치고 자는 것은 좋지만 엄청 추울 것이라고 말해줬다. 하지만 나는 산장 아주머니의 말을 대수롭지 않게 여겼다. 그 당시 오리털 패딩과 동계 침낭으로 무장하고 있었기 때문이다. 때마침 젖은 옷도 다 말라서 추위를 이겨낼 자신이 있었다. 지금 보면, 자연에 대한 오만이었다.

서둘러 텐트를 치고 그리스에서 만난 한국인 형님에게 배운 대로 요리를 시작했다. 여행이 점점 재미있어지는 것은 여행을 하면 할수록 늘어가는 생존 방식과 다양한 여행 방식 때문이다. 처음에는 생각도 못 했던 것들을 이느 순간부터 하고 있는 나를 발견했다. 아이슬란드에서의 캠핑 경험을 통해 텐트를 구매하여 야외 취침을 하고 있었다. 그리스에서 만난 여행자에게 요리를 배워 캠핑 취사를 하고 있었다. 앞으로 남은 여행에서 어떤 사람들을 만나고 무엇을 배워서 어떻게 내 여행이 달라질지 스스로 기대가 되었다.

그런데 문제가 생겼다. 세븐 레이크의 바람이 정말 강했다. 그래서 가스를 켜면 가스가 바로 꺼졌다. 산장 아주머니께 양해를 구하고 산장 내에서 요리를 했다. 요리를 완성하고 막상 먹어보니, 역시 보는 것과

하는 것은 매우 다르다고 생각했다. 형님이 할 때는 쉬어 보였는데 내가 하니 맛이 하나도 없었다. 그래도 배고프니 그냥 먹었다. 식사를 하고 있는데 산장 아주머니께서 솔깃한 제안을 건넸다. 밖에서 자면 정말 추우니 숙박비를 할인해주겠다는 것이었다. 하지만 난 거절했고, 이 거절은 추후에 크게 후회되는 결정으로 남았다.

일단 밖으로 나오니 사방은 어둡고 아무것도 보이지 않았다. 트레킹을 하며 고생한 발과 얼굴을 물티슈로 닦고 침낭으로 들어갔다. 침낭 속은 아늑하고 평화로웠다. 내 텐트를 노크하는 것은 세븐 레이크의 바람뿐이었다. 어느 누구의 손님도 찾아오지 않았다. 유일한 손님이 있다면 고요한 어둠 속에서 빛나던 별들과 땅에서 올라오는 참을 수 있는 정도의 한기였다. 그렇게 14년 10월 15일 세븐 레이크에서의 밤은 무사히 지나갈 줄 알았다.

그리고 정확히 3시간 뒤, 이상한 소리가 들리기 시작했다. 휘이잉하는 바람 소리가 아닌, '따따따 따다닥'하는 빗소리가 들리기 시작했다. 순

안개가 개자 드러난 세븐 레이크. 앞면에 6개의 호수, 뒷면에 1개의 호수가 있다

간 내 귀를 의심하기 시작했다. 낮에 분명히 비가 왔기 때문에 저녁에는 오지 않을 줄 알았다. 하지만 문을 열어 확인하니 비가 오고 있었다.

"망했다."

비를 피하기 위해 산장 지붕 밑으로 급하게 텐트를 옮겼다. 이때가 저녁 11시 정도였다. 하지만 이놈의 비는 거센 바람을 타고 내 텐트를 적시기 시작했다.

그나마 다행인 깃은 산장 지붕 밑의 바닥이 잔디가 아닌 시멘트로 되어 있어서 땅에서 올라오는 습기가 소량이었다. 물에 젖은 자리만 피해 웅크려서 새우잠을 청했다. 그렇게 2시간이 지나자 슬슬 한계가 찾아왔다. 잠은 잠대로 자지 못하고 있었고, 추위는 추위대로 몰려왔다. 해가 뜨기까지 앞으로 최소 4시간은 더 있어야 했다. 이 상태로 4시간을 버틸 생각을 하니 막막했다. 그때 천사가 나타났다. 바로 산장 아주머니였다. 역시 사람이 죽으라는 법은 없나 보다. 산장 아주머니가 산장에서 100m 정도 떨어진 곳에 위치한 화장실을 가면서 문 앞에 텐트

산장 앞에 호수를 바라보며 텐트를
비가 와서 급하게 산장 지붕 밑으로 텐트를 옮
산장 아주머니가 내어준 침대 한

친 나를 발견했다.

아주머니의 "Excuse Me, Who are You?(저기요, 누구세요?)"라는 물음에 나는 자는 척을 했다. 그간의 경험상, 문 앞에 텐트를 치면 안 된다고 했던 주인들이 많았기 때문이다. 그래서 대답을 하지 않고 자는 척을 했다. 몇 초의 정적이 흘렀을까. 갑자기 아주머니는 "Come on inside, Come on(안으로 들어와, 들어오라고)"이라고 말했다. 그 순간 1초의 망설임도 없이 "Yes Yes, Thank U(네네, 감사합니다)"를 연발하며 산장 안으로 들어갔다. 산장 아주머니가 내 손을 잡더니 놀라며 뜨거운 물을 가져다주었다. 내 몸이 많이 차가웠나 보다. 그리고 말 없이 잠을 잘 침대를 내주었다. 덕분에 그날 밤은 감기에 걸리지 않고 잘 수 있었다.

자연의 대단한 경치를 보며 그 앞에서 텐트를 치고 잔다는 것은, 정말 낭만적인 일이다. 하지만 이것도 자연이 허락해줄 때, 가능한 일이다. 나의 낭만을 위해, 나의 욕심을 위해, 허락하지 않는 자연 앞에서 오기를 부리다 죽다 살아났다. 세븐 레이크 산장에서 만난 천사에게 다시 한번 감사를 전한다.

#8   자연은 그대로 봐야 하며,
여행은 풍경보다 추억과 경험이지

다음날 일어나니 오전 10시였다. 개운하게 푹 잠을 잤다. 산장 아주머니께 문안 인사를 드리고 아침을 준비했다. 갑자기 산장 아주머니가 물을 어디서 갖고 왔느냐고 물어보았다. 호수에서 갖고 왔다고 하니 당장 버리라고 했다. 대신 아주머니가 사용하는 끓인 물을 전해줬다. 알고 보니 아주머니도 호숫물을 정수해서 사용했다. 나는 그것도 모르고 어제저녁을 호숫물로 쌀을 씻고 요리를 했다. 어쩐지 속이 이상하며 음식에서 비린 맛이 났다.

아주머니께서 캠핑 버너 대신 부엌의 식기를 사용하게 해주었다. 덕분에 아침 요리는 아주머니의 '10분만 더 끓여라', '뚜껑 덮어라'라는 간섭 아닌 애정으로 훌륭하게 성공했다. 아침을 먹고 산장을 나왔다. 아주머니와 사진을 찍고 싶었지만 아주머니가 사진 찍는 것을 좋아하지 않아서 사진은 찍지 못했다. 감사의 의미로, 처음에 말씀하셨던 방값을 침대 위에 고이 올려놓고 왔다.

화창한 날씨의 세븐 레이크 보기를 기대하며 다시 한번 정상을 향해 올라갔다. 하늘은 맑은데 먹구름이 살짝 보이는 것이 영 불안했다. 정상에 도착해서 세븐 레이크를 바라봤다. 내 눈 앞에 펼쳐진 풍경과 내가 머릿속으로 기대한 풍경은 많이 달랐다. 사진을 찍고 1분 정도가 지나니, 역시 빗방울이 떨어지기 시작했다. 아쉬움을 뒤로하고 서둘러 하산했다.

세븐 레이크를 떠나 소피아로 돌아오는 버스에서 문득 처음 여행을 시작했을 때가 생각났다. 그때는 무엇을 봐도 '우와', '대박'을 외치던 감탄사가 어느 순간부터 줄어들기 시작했다. 또 줄어든 감탄사 대신 비교를 하기 시작했다. 이곳은 저곳과 비슷하고, 여기는 거기보다 별로라고 생각하며 저울질하는 나 자신을 발견했다. 어느 순간부터 인터넷에서 보던 이미지를 기억하고, 그 이미지를 확인하러 다니는 나 자신을 발견했다. 자연을 있는 그대로 보지 못하고, 인터넷에서 찾은 이미지와 실제 풍경을 비교하며 보고 있었다.

나는 좋았던 추억들을 떠올리기 시작했다. 산을 오르면서 서로 준비해온 음식들을 같이 나눠 먹으며 함께 추억을 만들었던 무스타파 가족들. 그리고 텐트에서 추워 떨고 있을 때, 나타난 천사. 천사 같은 산장 아주머니의 배려로 산장에서 따뜻하게 잘 수 있었다. 다음날에는 산장 아주머니와 같이 요리했던 추억들도 만들었다. 다시 생각해보니 세븐 레이크를 여행한 과정 자체가, 그 자체로 값진 추억이었다. 하지만 결과적으로 인터넷으로 보며 기대했던 화창한 세븐 레이크의 이미지를 보지 못하자 무엇인가가 많이 아쉽다고 느꼈다.

여행을 다니면서 과정보다 결과를 중시하는 나를 발견하게 된 순간이었다. 최대한 결과보다는 그 순간과 과정을 즐기며 살려고 했지만, 아직까지도 결과에 기분이 좌우되는 사고 습관은 그대로였다. 비수기에 와서 성수기에 볼 수 있는 화창한 날씨의 세븐 레이크를 기대하는 것은 나의 욕심이자 아이러니였다. 날씨가 좋든 좋지 않든, 자연은 있는 그대로 봐야 했다.

화창한 날씨의 세븐 레이크든 비가 오는 날씨의 세븐 레이크든, 세븐 레이크라는 자연은 늘 그대로 같은 장소에 있었다. 지금 내 눈앞에 백두산의 천지 같은 호수 일곱 개가 펼쳐져 있다는 사실에 감사하며, 그 순간을 즐길 줄 알아야 했다. 1박 2일의 세븐 레이크 캠핑은, 내가 인터넷으로 본 화창한 이미지보다 더 값진 추억들을 나에게 선물했다. 여행이 끝나고 사회로 돌아가면 모르겠지만, 적어도 여행에서만큼은 원하는 풍경을 보는 것보다 어떠한 추억과 경험을 했느냐는 것이 더 값지다고 생각한다. 그 추억과 경험들이, 훗날 나를 미소 짓고 성장시키는 자산이 되므로. 그 사실을 소피아로 돌아가는 버스 안에서 다시 한 번 상기시켰다.

#9 이슬람 국가(IS)에 납치당하다?

이스라엘에서 일정을 마치고 이집트로 넘어갔다. 한국인은 이집트 입국 시 사전 비자가 필요하다. 이스라엘 국경지대인 에일랏에 위치한 이집트 대사관에서 사전 비자를 신청했다. 이집트 대사관에서 무사히 비자를 신청하고 돌아오는 날, 사건은 시작됐다.

이집트 대사관은 한적한 동네에 위치해 있다. 비자를 신청하러 가는 길에도 차들만 지나다닐 뿐, 사람은 보이지 않았다. 이집트 대사관에서 비자 신청을 마치고 돌아오는 길에 벌어진 일이었다. 이스라엘 햇빛은 강했기에 나는 도수 없는 선글라스를 쓰고, 귀에는 음악을 들으며 걷고 있었다. 그런데 갑자기 스타렉스 차량이 지나가다 길가에 멈춰 섰다. 동시에 키가 180cm가 넘는 덩치 큰 남자 3명이 내리면서 나를 둘러쌌다. 순간 내 머릿속에 '시리아', 'IS', '국경' 그리고 '납치'라는 단어가 떠올랐다. 그 당시, 이슬람 국가(IS)에 대한 국제 사회 분위기가 고조되면서 이슬람 국가(IS)에 대한 위험을 스스로 인식하고 있던 터였다. 더불어 에일랏은 이집트뿐만 아니라 요르단으로도 넘어갈 수 있는 국경지대였기에 에일랏에서는 항상 긴장하며 다녔다.

3명의 남자가 나를 둘러싸고 있는 상태에서 그들은 계속 히브리어로 나에게 말을 건넸다. 히브리어를 할 줄도 모르지만 이어폰을 끼고 있어서 그들이 하는 말도 잘 들리지 않았다. 더불어 나는 도수 없는 선글라스를 끼고 있어서, 그들의 모습도 정확히 인식하지 못한 상태였다. 그 순간 머릿속을 스치는 '납치'라는 단어와 함께 나는 그들을 뿌리치고 전력 질주로 도망가기 시작했다. 태어나서 처음으로, 정말로 '잡히면 죽는다'는 절박한 심정으로 달렸다. 하지만 그들이 내 앞을 가로막고 있었기에, 내가 도망치는 순간 그들에게 붙잡히고 말았다. 당연히 몸싸움이 벌어졌다. 결국 살려고 아등바등 발버둥 치면서 주변에 "Help Me(도와주세요)"를 연발했지만 주변에는 아무도 없었다. 동네가 이렇게 한적해도 되는 건가 싶을 정도로 사람이 없었다. 그 찰나의 순간, 여러 가지 생각이 들었다.

'아, 정말 이대로 납치돼서 죽는 것인가?'

'저놈들이 나를 어떻게 죽일까? 총? 화형? 설마 칼로 목을⋯.'

'뉴스로만 나오던 일이 나에게 일어나다니.'

태어나서 그렇게 발악해 본 것은 처음이었다. 나보다 덩치 큰 3명을 뚫는 것은 불가능했다. 그들은 나를 바닥에 눕히고 그들의 무게로 누르면서 제재를 가했다. 그렇게 덩치 큰 남자들과 실랑이를 벌이던 중, 내 손목에 차가운 쇠사슬의 느낌이 전해졌다. 설마 수갑인가? 라는 생각과 함께 고개를 돌리니, 정말로 수갑이었다. '어라? 수갑⋯수갑???' 그래서 바로 그들에게 물어보았다.

"Are you police?(경찰이세요?)"

그들은 바로 "Yes, We are Police(응, 우린 경찰이야)"라고 답했다. 순간 살았다는 안도의 한숨과 함께 더 이상의 반항을 멈췄다. 경찰이므로 납치는 아니었고 더욱이 이슬람 국가(IS)는 아니었다. 최소한 목숨은 건졌다고 판단했다. 그리고 수갑을 찬 상태로 그들의 차에 탔다.

차에 타서 자초지종을 설명하던 중 경찰 1명이 갑자기 나를 때리기 시작했다. 그 경찰은 내가 발악하던 중 나에게 몇 대 맞은 것에 매우 화가 난 상태였다. 그래서 수갑을 차고 있는 나를 상대로 분풀이를 시작했다. 내가 어이가 없어서 쳐다보니 한 대 더 때리며 얼굴에 침을 뱉었다. 순간 욱한 나 또한 그 경찰 얼굴에 침을 뱉었다. 더 화가 난 그 경찰은 흥분하며 나에게 달려들었다. 내 손은 등 뒤에 수갑으로 묶여 있었기에 나는 경찰에게 박치기를 했고, 그 경찰은 주먹질을 했다. 다른 2명의 경찰이 말렸기에 싸움은 더 커지기 전에 진정되었다. 그리고 이스라엘 경찰서로 호송돼 조사를 받기 시작했다. 나는 히브리어가 되지 않았고 경찰 조사관은 영어가 되지 않았다. 통역을 해 줄 할아버지가 오는데 3시간이 걸렸다. 3시간 동안 수갑을 차고 이스라엘 경찰서에서 대기를 했다. 통역사가 오면서 경찰은 나에 대한 조사를 시작했다.

경찰 : 어디로 가는 중이었나?

나 : 이집트 비자를 신청하고 집으로 돌아가는 중이었다.

경찰 : 왜 경찰로부터 도망을 쳤나?

나 : 입장을 바꿔서 생각해 달라. 길을 가고 있는데 경찰차가 아닌 일반 승합차가 갑자기 멈춰 섰다. 3명이 우르르 내리더니 나를 갑자기 둘러쌌다. 그들은 내가 알고 있는 경찰복을 입고 있던 것도 아니었고, 단지 회색 셔츠와 바지인 사복을 입고 있었다. 또한 여기는 국경지대고 차로 쉽게 국경을 넘을 수 있다. 순간 나는 그들을 납치범으로 오해했다. 나는 자신을 지킬 목적으로 도망간 것이다.

경찰 : 그들이 분명 경찰증을 제시하면서 여권을 보여 달라고 했다.

나 : 당시 나는 도수가 없는 선글라스를 끼고 있어서 그들이 제시한 것을 명확하게 보지 못했다. 또한 당황해서 그들이 하는 말도 듣지 못했다. 만약에 당신들이 정말 경찰이고 신분만 확인할 것이면, 왜 3명씩이나 내려서 갑자기 나를 둘러싼 것인가? 1명이었어도 충분하지 않았나?

경찰 : 에일랏은 아시아인 중에서 불법체류 아시아인들이 있다. 그들이 도망가는 것을 방지하기 위해 보통 3명 정도가 둘러싼다. 경찰을 때린 것은 큰 문제다.

나 : 내가 고의로 그런 것이 아니라 나를 보호하기 위한 것이었다. 그래서 나는 수갑을 찬 이후로 더 이상 반항하지 않았다. 그리고 계속 내가 때린 것만 얘기하는데 나 또한 경찰에게 맞은 피해자다. 내가 수갑을 찬 상태임에도 불구하고, 그 경찰은 나를 때렸다.

핵심 내용은 이런 것이었다. 내가 신분에 아무런 하자가 없는 단순한 여행객이고 수갑을 찬 여행객을 때린 그들의 잘못도 있었다. 나의 오해로부터 비롯된 이번 일은 단순 해프닝으로 끝났다.

경찰서를 나오면서 이런 생각이 들었다. 이전에는, 뉴스로만 듣던 납치 사건이 나에게 일어날 확률은 극히 드물다고 생각했다. 설령 납치를 당해도 '이러이러해서 탈출하면 되지'라는 안일한 생각을 갖고 있었다. 하지만 이날 납치와 비슷한 일을 겪고 나니, 안전에 좀 더 신중해지게 됐다. 납치가 당장 나에게 일어나지 않았다고 해서 아무런 방도 없이 안일하게 돌아다닐 문제가 전혀 아니었다.

그럼, 실제로 납치가 나에게 일어나면 어떻게 해야 할까? 반항을 해서 납치범을 뿌리치고 도망치는 것은 정말 영화에서나 나올 법한 일이다. 납치범과 나와 일대일의 상황이라면 최대한 발악하며 도망을 치겠다. 하지만 납치범들이 혼자서 움직일 가능성은 거의 없다. 내가 호신용 칼을 들고 다녀도, 납치범들이 나보다 칼을 더 잘 사용할 것이다. 총만 안 꺼내면 감사해야 한다. 고민 끝에 내가 내린 결론은 사전에 방지하는 것이 최상의 방법이라는 것이다.

수갑을 얼마나 강하게 조였던지, 수갑을 풀고서 1시간이 지났는데도 손목에 자국이 선명하게 남아있었다. 대한민국에서도 안 가던 경찰서를 해외 나와서 3번이나 갈 줄은 생각도 못 했다. (이전에 소매치기 사고를 신고하러 캄보디아와 독일 경찰서를 각각 다녀왔다) 심지어 경찰서에 가서 찍은 머그 샷(Mug Shot, 범인 식별을 위한 얼굴 사진)은 여행을 다니며 찍은 최악의 사진 중 하나로 기억된다. 지금이야 웃으면서 말할 수 있는 에피소드로 기억되지만, 그 당시에는 경찰에게 맞아서 부은 이마와 손목의 자국이 많이 아팠기에 꽤나 고생했던 기억이 있다. 그래도 이 경험 덕분에 안전에 좀 더 주의하면서 여행을 다니기 시작했다. 끝으로 통역사 할아버지가 해준 말이 기억난다.

할아버지 : 너 한국에서 트러블 메이커니?

나 : 아니다. 그냥 평범한 대학생이다.

할아버지 : 이스라엘 다시 올 생각 있어?

나 : 글쎄, 아직 잘 모르겠다.

할아버지 : 이스라엘 재방문 시, 입국심사 때 입국 제한에 걸

릴 수도 있다. 확실한 것은 아니다.

나 : 다행히 이번 여행에서 이스라엘을 많이 둘러보았다. 걱

정해줘서 고맙다.

할아버지와의 대화를 끝으로 경찰서를 나왔다. 이스라엘, 다시 입국

할 수 있을까?

#10 이집트 사기 투어의 실체,
양두구육(羊頭狗肉)

이집트 다합에서 카이로로 넘어왔다. 이집트 카이로에 도착해서 이집트에도 사막이 있다는 것을 알게 되었다. 이집트의 바하리야 사막은 검은 사막과 하얀 사막으로 구성된다. 심지어 크리스탈도 볼 수 있다고 해서 가보기로 했다.

카이로의 타흐릴 광장 앞에 있는 여행 에이전시에서 450파운드(한화 약 6만 5,000원/15년 4월 기준)를 주고 사막 투어를 예약했다. 1박 2일로 갔다 오는 패키지 투어로, 아침 점심 저녁 및 카이로에서 바하리야 사막까지 갔다 오는 왕복 버스비와 사막 입장료가 모두 포함된 가격이었다. 투어 출발 당일, 내가 묵는 호스텔로 픽업 차량이 오기로 했지만 픽업 차량 대신 여행 에이전시 직원이 찾아왔다. 직원과 함께 시내버스를 타고 투르고만 터미널로 함께 이동했다. 픽업 차가 오지 않고 직원이 와서 나를 직접 데리고 가는 것이 이상했다. 자초지종을 물으니 '바쁘다'라는 대답으로 일관했다. 여행 출발부터 말이 달랐다. 기분이 찝찝했지만, 이왕 가는 여행 기분 좋게 가고자 마음을 먹었다. 하지만 이 찝찝함이 이어져, 결국 투어 둘째 날에 사건이 터지고 말았다.

첫째 날, 바하리야 사막의 검은 사막에 도착했다. 검은 사막을 구경한 후, 바로 하얀 사막으로 이동했다. 하얀 모래는 석회 물질은 아니었고, 촉감은 분필에 가까웠다. 흰 백색의 도화지를 연상시키는 하얀 모래밭에 내 발자국을 남겼다. 내 존재의 흔적을 세상에 남기는 것 같은 묘한 기분이 들었다. 하얀 사막을 끝으로 저녁을 먹었다.

이어서 소화도 시킬 겸, 노래자랑을 시작했다. 한국 사람은 싸이의 강남스타일만 부르면 되었다. 일행들이 자연스레 다 같이 따라 부르면서 분위기가 달아올랐다. 어느 정도 놀다가 시간이 되면 다들 잠자리로 돌아갔다.

다음날 날이 밝자마자 간단히 아침을 먹고 떠날 준비를 했다. 가이드에게 다음 일정을 물었다. 우리는 사전에 예약한 대로 온천으로 가는 줄 알았다. 하지만 가이드는 호텔로 돌아왔다. 일행들의 불만과 모두 온천에 가고 싶다는 요청에 따라, 가이드는 마지못해 온천으로 향했다. 하지만 도착한 온천은 우리가 상식적으로 생각하는 온천이 아니었다. 따뜻한 물이 나오는 저수지에 가까웠다. 투어를 예약할 당시 들었던 온천은 너무 멀어서 가지 못한다고 했다. 순간 '장난하나?'라는 생각이 들었지만, 나 혼자 하는 투어도 아니고 다 같이 하는 투어였기에 문제를 일으키고 싶지 않았다.

더불어 가이드는 우리 일행이 온천을 갔다 올 시간이 되지 않는다고 했다. 일행마다 출발하는 시간이 제각각 달랐기 때문이다. 그 당시 시간이 오전 8시였다. 에이전시가 알려준, 내가 티고 갈 카이로행 버스 출발 시간은 오전 12시였다. 그래서 온천을 다녀올 시간이 충분한 줄 알았다. 하지만 가이드는 출발 시간이 오전 12시가 아니라 오전 10시라고 했다.

에이전시 예약 사항과 다른 이유를 물어봤다. 나와 함께 카이로로 돌아가는, 브라질에서 온 세르지오 부부의 비행기 탑승 시간에 맞춰서 버스표를 끊었다고 했다. 그래서 2시간을 당겨 오전 10시 출발 버스표를 나와 상의 없이 끊었다. 에이전시 예약 사항과 다른 것이 정말 황당했지만, 2시간 정도 투어를 일찍 마쳤다고 생각하면 되므로 여기까지도 그럭저럭 이해할 만했다.

그런데 문제는 카이로로 돌아가는 버스에서 발생했다. 처음 버스를 탔을 때는 자리가 많으니 당연히 자리를 비키라는 사람이 없었다. 버스가 카이로로 향하면서 점점 많은 사람을 태우기 시작했다. 사람들이 타기 시작하면서 한 이집트 아저씨가, 나와 세르지오 부부에게 와서 너희 자리가 아니니 비켜달라고 했다. 순간 '이건 도대체 무슨 상황인가?' 해서 버스 기사에게 자초지종을 물었다. 우리가 가이드에게 받은 표는 오전 10시에 출발하는 표가 아닌, 오후 3시에 출발하는 표였다. 가이드는 오전 10시가 아닌 오후 3시에 출발하는 버스표를 끊어주면서, 우리에게 오전 10시 버스를 타고 가라고 한 것이다. 이것이 '사기'가 아니면, 무엇이 '사기'겠는가?

결국 나와 세르지오 부부는 정상 표를 끊은 이집트 사람들에게 자리를 넘겨주고 서서 갔다. 우리가 탄 버스에는 엑스트라 좌석이 2개 있었다. 이는 표를 검사하는 검표원이 앉는 맨 앞의 두 자리였다. 버스가 사람들로 만석이 되니 검표원이 내리면서, 두 좌석이 비었다. 당연히 세르지오 부부에게 양보했다. 세르지오 부부는 브라질에서 이집트 여행을 오기 위해 1년 동안 일하고 2주의 휴가를 겨우 받아서 여행을 왔다고 했다. 그분들의 여행을 이런 사소한 것 때문에 망치게 하고 싶지 않았다. 나는 그렇게 바닥에 앉아서 5시간을 달려 카이로에 도착했다.

내가 웃는 게 웃는 게 아니었다.

#11 나에게 사기 친 투어 매니저, 역공격하다

　가이드의 사기 행각은 이대로 넘어갈 문제가 아니었다. 표가 없어서 미리 양해를 구했으면 우리가 그 상황을 이해 못 해줄 사람들도 아니었다. 기다리면서 다음 차를 타면 된다. 하지만 가이드는 그런 양해도 없이 잘못된 표를 주고 잘못된 버스를 태워 보냈다. 그 사실이 정말 괘씸했다. '도대체 이집트 가이드는 무슨 생각으로 그랬을까?' 하는 궁금증을 가지고 여행사로 찾아갔다. 세르지오 부부는 카이로에 도착하자마자 공항으로 이동했기에 나 혼자 여행사로 찾아갔다. 여행사에 가서 자초지종을 설명하니 여행사 매니저는 사실 확인에 들어갔다. 가이드하고 이집트 말로 얘기를 하는 모습이 알아들을 수는 없었지만, 딱 봐도 언성을 높이는 것이 정황상 자기들의 잘못이 확실해 보였다.

　하지만 통화 후, 매니저는 이 표가 오전 10시 출발이 맞다고 나에게 말했다. 또한 내가 말한 상황이 말이 되지 않는다고 했다. 그러면서 구글 번역기를 통해서 숫자를 확인해주었다. 하지만 구글 번역기에는 가이드가 흘려서 쓴 아랍어가 나오지 않고, 또박또박 정자로 끊어서 쓴 아랍어가 나왔다. 하지만 내가 아랍어를 읽지 못하는 까막눈이다 보니 버스표에 흘려 쓴 아랍 숫자를 확인할 도리가 없었다. 내가 어이가 없어서 휴대폰 녹음기를 켜며 영어로 다시 물었다. 매니저의 말은 심증적으로 거짓말이며, 물증으로 버스표라는 증거까지 눈앞에 있는 상황이었다.

나 : 알았어. 그럼 넌 이 표에 쓰인 숫자가 10이 맞는다는 거지?

매니저 : 맞다. 그 숫자는 10이고 오전 10시 출발이 맞아.

에이전시를 나오면서 말했다.

나 : 나 지금 경찰서로 갈 것이다. 이 표가 오전 10시가 아니면 경찰하고 같이 올 것이고, 오전 10시가 맞으면 오지 않을게.

이 말을 끝으로 여행사를 나왔다. 매니저가 노발대발하며 나를 따라나왔다. 여행사를 나와서 길 가는 이집트 사람에게 먼저 숫자를 확인해 보니 10이 아니라 23 같다고 했다. 살짝 당황했지만 확실히 10은 아니라고 했다. 23시 버스인가 싶었지만 어쨌든 숫자가 10이 아니라는 것을 확인했다. 혹시 몰라서 길가는 몇몇 이집트 사람들을 붙잡으며 몇 번 더 숫자를 확인했다. 재미있게도 내가 숫자를 확인하는 것을 그 매니저가 지켜보고 있었다. 다시 에이전시로 가서 마지막으로 매니저에게 물어보았다.

나 : 사람들이 이 숫자를 23이라고 하는데, 왜 너만 10이라고 하지? 이집트에서 쓰는 숫자가 너만 다른 걸까? 왜 자꾸 거짓말하니?

매니저 : 이건 10으로 볼 수도 있고 23이라고도 볼 수 있어.

나 : 아 그렇구나, 경찰에게도 그렇게 말하면 될 것 같아.

매니저가 나를 붙잡으면서 물었다.

매니저 : 그래서 네가 원하는 것이 뭐야?

나 : 너희 측에서 잘못한 거니까 최소한 버스비는 돌려줘야 하지 않을까?

매니저는 군말 없이 버스비 50파운드(한화 약 7,000원)를 바로 돌려줬다. 버스비 50파운드. 그리고 끝까지 미안하다는 말 한마디 없던 이집트 매니저. 이집트 여행 마지막 날이었는데 이집트에 대한 인상이 한 순간에 안 좋아지는 순간이었다.

내가 웃는 게 웃는 게 아니다

문제의 그 버스표

#12 그래서,
이집트는 어땠어?

어느 국가나 마찬가지지만 80%의 국민들은 선량한 미소와 친절로 외국인을 맞아준다. 반면에 20%의 나쁜 사람들은 외국인을 호구로 보며 그들의 것을 빼앗을 궁리만 한다. 80%의 선량한 국민을 만난 여행자와 20%의 나쁜 사람들을 경험한 여행자가 생각하는 그 나라의 이미지는 과연 동일할까?

각자 그 나라에서 여행하고 경험한 것이 다르기에, 같은 나라를 여행해도 그 나라를 떠올리는 이미지는 사람마다 전부 다를 것이다. 그렇기에 그 누구도 다른 사람의 여행에 대해서 함부로 왈가왈부하며 판단할 수는 없다. 그 판단의 몫은 오로지 여행자 본인에게만 있다. 그래서 나는 누군가 이집트가 어땠느냐고 물어보면 이렇게 대답한다.

"그래도, 이집트 좋았어."

왜냐하면 20%의 나쁜 이들로 인해 이집트와 관련된 재미있는 에피소드도 생겼기 때문이다. 더군다나 이 사건 하나 때문에 이집트 자체를 "끔찍해"라고 말하는 것은 다음 사람들에게 너무 미안한 일이었다.

길거리에서 나에게 미소를 지으며 윙크해 주던 아저씨와 누나들. 피라미드에서 나에게 호감을 표하며 같이 사진 찍자고 다가오던 이집트 사람들. 길을 헤매고 있을 때 먼저 다가와서 길을 찾아주던 동네 주민들. 식당에서 아랍어를 몰라서 주문을 못 하고 헤매고 있을 때, 먼저 다가와 음식 사진을 보여주며 메뉴를 친절히 설명해주던 매니저. 음식 사진을 찍으니 자기도 찍어 달라고 포즈를 취하던 종업원들. 이집트가 끔찍하다고 말하기에는 80%의 그들에게 너무 미안했다. 그래서 나는, 나름 이집트가 좋았다고 말하고 싶다.

#13 깔라마의 오물 소매치기, 골든 미닛 1분

남북으로 가장 긴 4,720km의 길이를 가진 나라 칠레. 남으로 가면 바다에서 나오는 해산물이 풍부하고, 북으로 가면 사막을 만날 수 있는 나라가 바로 칠레다. 그만큼 먹거리도 많고, 볼거리도 풍부한 나라다.

나는 칠레의 수도 산티아고에서 사막이 있는 북쪽의 산 페드로 데 아타카마로 이동을 했다. 아타카마로 이동하기 위해서는 거점 도시 깔라마로 먼저 이동을 해야 했다. 수도 산티아고에서 깔라마까지 버스를 타고 편도로 24시간이 걸린다고 했다.

깔라마는 위험한 도시로 소문이 나 있다. 그래서 아침에 출발해 다음 날 아침에 도착하는 버스표를 구매했다. 24시간의 버스 여행은 한숨 자고 일어나서, 다시 12시간을 버스에서 보내야 했다. 한숨 자고 일어나도 다시 자야 하는 버스 생활은 남미를 버스로 여행하면서 자주 겪는 상황이다. 하지만 좀처럼 익숙해지지 않았다. 24시간을 버스에서 보낸 후, 다음 날 아침 나는 깔라마에 도착했다. 깔라마 버스터미널에 도착하고 10분도 되지 않아서 바로 소매치기를 당했다. 여행의 마지막 시점에 당한, 처음 겪는 신종 소매치기 수법이었다.

버스터미널을 나오는 순간, 갑자기 아주머니 1명이 나에게 다가왔다. 나의 큰 배낭을 가리키며 오물이 묻었으니 닦으라고 휴지를 건넸다. 나는 고맙다고 아주머니께 미소로 응답하며 깔라마 사람들이 참 친절하다고 생각했다. 큰 배낭을 내려놓는 것이 귀찮아서 배낭을 내려놓지 않고 가던 길을 마저 갔다. 그러자 갑자기 주변에서 2명의 아주머니가 더 다가왔다. 잘 지나가고 있는 나를 굳이 멈춰 세우며 큰 배낭과 바지를 가리키며 자꾸 보라고 했다. 하는 수없이 큰 배낭과 작은 배낭을 동시에 땅에 내려놓고 큰 배낭과 바지를 확인했다. 내 큰 배낭과 바지에는 검은색 오물이 한가득 묻어 있었다. 아주머니들이 휴지를 건네주면서 같이 오물을 닦아주기 시작했다. 자연스레 계속 고맙다고 말하며 나도 정신없이 큰 배낭과 바지에 묻은 오물을 닦기 시작했다.

그런데 참 이상했다. 분명히 이곳은 터미널 내부였다. 천장에 비둘기가 있는 것도 아니었다. '그럼, 이 많은 오물이 과연 어디서 왔을까?'라는 의문이 들었다. 그 순간, 머릿속을 스치는 익숙하지만 불안한 느낌. 동시에, 갑자기 아주머니들이 몰려들어서 오물을 닦아준다는 핑계로 나를 정신없게 만드는 이 상황. 그간의 경험상, 딱 봐도 소매치기였다. 순간적으로 주변을 둘러보았다. 혹시나 했는데 역시나 내 작은 가방이 사라졌다. 내가 큰 가방을 내려놓으면서 자연스럽게 작은 가방도 같이 내려놓은 것이 실수였다. 오물을 닦느라 정신없는 사이, 아주머니들과 같은 일행인 다른 소매치기범이 작은 가방을 몰래 가져갔다. 불과 10초도 안 되는 사이에 발생한 일이었다.

여기서 그간의 소매치기를 당한 경험상, 흥분하며 당황하면 안 된다는 것을 잘 알고 있기에 차분하려고 노력했다. 분명 어딘 가에 작은 가방을 들고 있는 사람이 있을 것이라고 확신했다. 사방팔방으로 고개를 돌리며 주변을 살펴보니, 역시 저 멀리 작은 가방을 들고 도망가는 남자가 보였다. 큰 배낭은 무게가 20kg 정도로 무거워서 아주머니들이 갖고 가지 못하리라 생각했다. 혹여 갖고 간다고 해도 전혀 문제가 없었다. 큰 배낭에는 옷과 캠핑 도구 등 없어져도 다시 구매하면 되는 것들이었다. 하지만 작은 가방은 달랐다. 그간의 여행 사진이 담긴 외장하드와 여권이 들어있었다. 필사의 각오로 찾아야 했기에 재빨리 그놈에게 달려갔다.

내가 소리 지르면서 달려가자, 그놈은 가방을 땅에 내려놓고 도망가기 시작했다. 다행히 작은 가방 안에는 잃어버린 물건이 없었다. 깔라마가 위험한 도시라고 인식하고 있었지만, 도착하자마자 소매치기로 신고식을 당할 것이라고는 생각지도 못했다. 깔라마의 오물 소매치기 수법. 이것은 들어본 적도 없고, 처음 경험하는 소매치기로서 신선했다.

5개의 대륙을 다니며 대륙별로 1번씩 총 5번의 소매치기를 당했다. 아시아 캄보디아, 유럽 독일, 러시아, 남미 브라질과 칠레. 총 5번의 소매치기 중, 2승 3패의 결과를 기록했다. 캄보디아, 독일, 브라질의 소매치기는 결국 찾지 못했다. 반면에 러시아와 칠레에서 당한 소매치기는 찾을 수 있었다. 찾을 수 있었던 공통점은 바로 현장에서 범인을 잡았기 때문이었다. 물건을 잃어버린 것을 안 순간, 주변에 내 물건을 가진 범인을 발견해 바로 쫓아갔다. 소매치기범을 잡을 수 있는 골든 미닛은 내 경험상, 1분이다.

갑자기 여러 명의 현지인이 다가와서 이유 없는 친절을 베풀며 나의 주변을 혼란스럽게 한다? 그럼, 손은 소지품을 다시 한번 점검해야 한다. 말로 설명해도 당하는 것이 소매치기다. 내가 설마 소매치기를 당할까라고 생각해도 당하는 것이 소매치기다. 소매치기를 당하지 않기 위해서는 안전에 주의를 해야 하지만, 한 번 정도 당해본다고 해서 절

망할 필요는 없다. 물론 고생은 하겠지만 그 고생이 훗날 웃으며 말할 수 있는 에피소드가 될 것이다. 늘 말하지만, 의식주 중의 하나가 부족하면 그 여행은 에피소드로 가득 찬 여행이 된다.

검은색 오물이 묻어 있는 큰 배낭과 바지

Part 3
여행이 던진 물음, 사색

"에펠탑? 책에 나와 있거나 사진으로도 많이 있잖아. 굳이 가서 볼 필요가 있나?"

이러한 물음에 답변하자면, 굳이 가지 않아도 된다. 에펠탑과 같은 유명 관광지와 장소들은 사진으로 잘 나와 있기 때문이다. 사진으로 보는 것이 실물보다 더 아름다울 수 있다. 하지만 직접 가서 눈으로 보고 있으면 사진에는 없는 그곳만의 분위기를 느낄 수 있다. 그 분위기를 잠잠히 음미하다 보면 머릿속에 떠오르는 물음들이 생기기 마련이다.

여행이 물음을 던진다. 때로는 여행하는 바로 그 순간에, 때로는 과거의 여행을 추억하는 순간에. 그 물음을 스쳐 지나가도 되지만, 그 물음이 흥미롭다면 붙잡고 조금 더 생각해도 된다. 나는 여행이 던진 몇몇 물음들에 생각하다, 사색에 잠겼다. 그 사색의 흔적들을 기록한다.

#1 43시간의 베트남 기차여행,
여행은 여행으로 치유한다

베트남 여행은 한국 여성분과 동행을 했다. 그녀는 나보다 한 살 많은 누나였다. 누나는 참 재미있고 좋은 사람이었다. 같이 다니면서 재미있는 추억을 많이 만들었다. 캄보디아 소매치기 이후, 나는 프놈펜에서 다시 카메라를 구매했다. 그런데 내가 카메라를 구매한 당일, 반대로 누나가 카메라를 소매치기당했다. 같이 저녁을 먹으면서 우리 둘의 상황이 얼마나 웃긴 지 참 많이 웃었다. 누나와 같이 다니면서 또 하나의 재밌었던 추억은 기차 여행이다.

우리는 베트남 호치민 여행을 마치고, 바로 하노이로 이동했다. 둘 다 장시간 기차여행에 대한 낭만을 품고 있어서 하노이까지는 기차로 이동했다. 기차 좌석은 딱딱한 의자, 부드러운 의자, 침대칸으로 총 3종류가 있었다. 우리는 이 중, 적당하게 버틸 수 있는 부드러운 의자를 선택했다.

기차를 타기 전에 같이 장을 보았다. 이틀을 기차에서 보내니 다양한 먹거리가 필요했다. 하지만 막상 구입한 물건을 보니 대부분은 컵라면과 소시지 그리고 과자였다. 다채로운 먹거리를 구매하려고 했지만 막상 구입한 물건을 보고 서로의 식성이 드러나 마냥 웃었다. 그 당시는 소소한 모든 것이 그냥 재미있었다. 물건을 잘 구입하고 못 구입한 것을 떠나서 낯선 여행지에서 누군가와 함께 무엇을 같이 한다는 사실 그

뽀글이 국물에는 밥 대신, 식빵을

자체가 즐거웠다.

 장을 본 후에는 부푼 설렘을 안고 기차에 입성했다. 기차의 내부시설은 양호했다. 부드러운 의자여서 편안했고 에어컨도 나와서 참 다행이었다. 눈으로는 기차 창밖으로 펼쳐지는 아름다운 풍경을 바라보고, 귀로는 음악을 들으며, 배고프면 우리가 사 온 음식을 같이 먹었다. 기차 내부에 뜨거운 물이 있어서 우리는 바로 뽀글이를 해서 먹었다. 군대에서 먹던 뽀글이가 생각나서 소시지도 같이 익혀서 먹었다. 그때 먹은 뽀글이는 누나도 인정하는 꿀맛이었다.

 혼자가 아닌, 누군가와 함께 기차여행을 한다는 사실에 나도 모르게 흐뭇했다. 이런 게 바로 내가 꿈꾸던 여행이 아니었나 싶었다. 캄보디아에서 소매치기를 당한 슬픈 일이 있었지만 그 슬픔을 좋은 순간들로 보상받는 기분이 들었다. 사람은 사람으로 치유한다는 말이 있듯이, 여행은 여행으로 치유하면 된다. 여행에서 발생하는 슬픈 사건은, 여행이 선물하는 행복한 순간들로 치유하면 된다.

때로는 슬픈 감정을, 때로는 행복한 감정을 선사하는 '여행'이라는 녀석. 그 녀석의 매력을 맛본 여행자들은, 여행과의 밀당을 경험해본 여행자들은, 그 밀당 속에서 감정의 희로애락을 맛보며 사고하고 한 층 더 성숙해진다. 그 맛에 중독돼 우리는 또 배낭을 꾸릴 날을, 꿈꾼다.

#2　섹슈얼 컬처 쇼크(Sexual Culture Shock), 성인 서커스 '초상화 그리기'

아이슬란드에서 워크 캠프에 참여했다. 워크 캠프는 자신이 원하는 나라에서 원하는 주제로, 세계 각지에서 모인 젊은이들과 함께 봉사활동과 문화를 교류하며 같이 여행하는 프로그램이다. 내가 참여한 워크 캠프의 주제는 서커스였다. 덕분에 워크 캠프 기간 동안 서커스를 자주 볼 수 있었다.

서커스 공연은 관객에 따라서 어린이 서커스, 가족 서커스, 성인 서커스 총 3종류로 분류한다. 나는 성인 서커스를 보고, 성(性)에 대한 문화 충격을 받았다. 성인 서커스의 하이라이트는 마지막 공연인 '초상화 그리기'다. 초상화 그리기에는 사회자, 남성 곡예사, 여성 곡예사 총 3명이 나온다. 사회자는 세상에 하나뿐인 초상화를 받기 원하는 지원자를 모집한다. 관객들은 손을 들어 지원하고 사회자가 마음에 드는 지원자 1명을 뽑는다. 지원자는 무대 위로 올라와서 남성 곡예사와 여성 곡예사를 바라보며 의자에 앉는다. 남성 곡예사와 여성 곡예사는 각자 자신의 방법으로 지원자의 초상화를 그리기 시작한다.

남성 곡예사는 먼저 무대 바닥에 스케치북을 올려놓는다. 그리고 무대에서 일어선 상태로 관객을 등지고 바지를 벗는다. 자신의 그것을 어느 정도 하늘로 곧게 일으킨 뒤 그것에 물감을 바른다. 바닥 위에 놓인 스케치북에 엎드려 그것을 사용해 지원자의 초상화를 그린다. 여성 곡예사는 나무 이젤 위에 스케치북을 올려놓는다. 브래지어를 벗고 드러난 가슴의 일부분에 물감을 칠한다. 그 부분으로 지원자의 초상화를 그린다. 10분 동안 그들은 각자 자신의 신체를 사용해 그림을 그리고 관객들은 숨죽이며 그 장면을 지켜본다. 쇼가 끝나고 나면 우레와 같은 박수 소리와 함께 서커스 내부는 환호성으로 가득 찬다. 사회자는 두 그림을 대상으로 경매를 시작한다. 자신의 초상화가 아닌 이상, 이 그림을 사려는 관객은 별로 없다. 하지만 사회자는 능숙한 진행으로 해당 경매에 관객의 참여를 끌어내며 초상화의 가격을 점점 올린다. 가격이 최고점을 찍었을 때, 사회자의 몰아가기로 결국 그림의 주인공이 구입을 하게 된다. 이것이 성인 서커스의 하이라이트인 '초상화 그리기'다.

초상화 그리기를 보고 나는 성(性)에 대한 문화충격을 받았다. 나에게 아무리 많은 금액을 주고 초상화 그리기를 하라고 한다면, 나는 과연 할 수 있을까? 나는 하지 못할 것이다. 서양 사람들이 성(性)에 대해 동양 사람들보다 아무리 개방적이라고 해도 초상화 그리기는 매우 큰 용기가 필요한 서커스다. 용기를 떠나서 어떻게 신체 부위를 사용해서 많은 사람 앞에서 그림을 그릴 수 있는지 도저히 이해되지 않았다. 남성 곡예사인 '악셀'에게 찾아가서 어떻게 초상화 그리기를 할 수 있었는지 물어보았다.

의외로 대답은 간단했다. 그에게 초상화 그리기는 하나의 행위 예술이었다. 한편으로는 단순히 그림을 그린 것이었다. 그림을 그리는 수단에는 여러 가지가 있지만 그는 신체 부위를 사용한 것이다. 그걸로 끝이었다. 남성 곡예사는 그림을 그리면서 자신이 그리는 그림을 볼 수 없으니 어떤 그림이 나올지 전혀 예상하지 못한다. 초상화를 관객에게 공개하는 순간, 남성 곡예사도 자신이 그린 그림을 보고 스스로 웃는다. 그 순간 남성 곡예사도 웃고 관객도 웃는다. 웃음으로 곡예사와 관객은 하나가 되고 소통한다. 그 웃음이 곡예사가 초상화 그리기를 하는 원동력이라고 답했다. 그가 관객에 전하고 싶은 메시지는 '웃음'이었다.

처음으로 서커스가 무엇인지, 희극인은 누구인지 생각해 봤다. 공연을 통해서 곡예사가 관객에게 전달하려는 메시지가 있는 것인지, 있다면 무엇인지 궁금했다. 서커스 단원들이 서커스를 하는 이유는 다양했다. 관객에게 메시지를 전달하려고 공연하는 단원도 있었고, 순순히 서커스가 정말 좋아서 공연하는 단원도 있었다. 반대로 부모님이 서커스 단원이어서 부모님을 따라서 서커스를 하는 단원도 있었다. 서커스를 하는 이유는 단원마다 전부 달랐다. 그중 제일 인상 깊었던 대답은, 어린이 서커스에서 진행과 공연을 동시에 맡고 있는 다니엘의 대답이었다. 다니엘은 서커스를 통해 사람들을 행복하게 만들어주고 싶어 했다. 관객이 서커스 공연에서 전달받은 행복한 에너지로, 관객 자신도 곡예사들처럼 다른 사람을 웃게 하고 행복하게 만들 수 있다는 메시지를 전해주고 싶어 했다.

다시 한번 느끼지만, 무대에 선다는 것은 어떠한 행위를 통해 사람들에게 분명히 전달하려는 메시지가 있다는 것이다. 물론, 그렇지 않은 사람들도 있다. 하지만 전달하려는 메시지 없이 단순히 웃음만을 파는 사람이 된다면 정말 슬플 것 같다. 그것이 바로 말 그대로 '광대'이기 때문이다. 강연하는 사람은 말로써 메시지를 전달한다. 공연을 하는 예술가들은 춤, 미술, 음악, 영상 등으로 메시지를 전달한다. 중요한 것은 어떤 메시지를 자신이 가장 자신 있는 방법으로 전달하느냐다. 이런 점에서 초상화 그리기는 '웃음'이라는 메시지를 전달하려는 행위 예술이었다.

초상화 그리기는 메시지를 전달하는 방법 중에서 신체를 사용했고 그 신체가 다소 낯 뜨거웠을 뿐이다. 행위 예술이 전달하려는 전체적인 메시지를 보지 못하고, 곡예사의 신체 부위만을 보고 단순히 성(性)적으로 생각한 나의 협소한 안목이 부끄러운 순간이었다. 불과 얼음의 나라 아이슬란드를 수식하는 키워드는 오로라를 포함해 여러 가지가 있지만, 나에게 아이슬란드의 키워드는 성인 서커스 초상화 그리기다.

#3 사람 냄새나던
97시간의 시베리아 횡단 열차 탑승기

러시아 여행 중 가장 해보고 싶었던 것은 바로 시베리아 횡단 열차를 타는 것이었다. 나의 노선은 모스크바에서 이르쿠츠크까지 이동하는 87시간의 4박 5일 기차 여정이었다. 4일 동안 시베리아의 밤낮없이 바뀌는 풍경과 그 풍경을 보면서 커피 한 잔의 여유를 즐기는 것. 외국인에게 시베리아 횡단 열차는 낭만이었다. 하지만 러시아 사람들에게 열차는, 낭만보다는 교통수단이자 삶의 일부에 더 가깝다. 한국 사람들이 고속버스를 타고 서울에서 부산을 왕복하듯이 이들에게는 좀 더 장거리의 교통수단이다. 러시아 사람들은 장거리의 열차를 어떻게 매번 타는지, 이들도 기차에서 낭만을 찾는지 궁금했다. 이들이 기차에서 낭만을 찾는다면, 그들의 낭만은 무엇일까. 4일간 기차를 타보니 3가지 낭만을 찾을 수 있었다.

내 좌석 옆 칸에는 4명의 러시아 사람들이 앉아 있었다. 이들을 통해 내가 발견한 첫 번째 낭만은 바로 음식이었다. 여행을 다니며 느낄 수 있는 다양한 재미 중에서 맛있는 것을 먹으면서 다니는 식도락 여행을, 누군가는 최고로 친다. 음식은 집에서 먹는 것보다는 피크닉에서 먹는 것이 더 맛있다. 음식은 혼자 먹는 것보다는 누군가와 같이 먹는 것이 더 맛있다. 서로 초면이지만 자신이 준비해온 음식을 같이 나눠 먹으면서 러시아 사람들은 친해져 갔다. 기차에서 먹는 음식은 매우 맛있어 보

4일간 생활했던 좌석, 누워서 창밖으로 펼쳐지는 풍경을 보기에 최상이다
첫 번째 낭만, 식도락 여행
두 번째 낭만, 보드카

였고 실제로 그들은 정말 맛있게 먹었다.

사람과 친해지고 싶으면 먼저 다가가 베풀면 된다. 옆 좌석에 있던 한 아저씨가 나에게 계속 '필름(Film)'을 물어봤다. 그래서 나의 노트북을 빌려주고 그 안에 있는 영화를 보여줬다. 아저씨는 자신을 '아르젬'이라 고 소개했다. 아르젬 아저씨는 영화 보는 것을 매우 좋아했다. 시간이 흘러 열차는 어느 도시의 역에 도착했다. 아르젬 아저씨가 나에게 오더 니 계속 '드링크(Drink)'라고 말했다. 눈치껏 이 단어의 의미는 술을 먹 을 수 있느냐는 질문이므로, 손으로 동그라미 표시를 하며 함박웃음을 보냈다. 동방예의지국에서 온 한국의 청년은, 어른이 제안하는 술을 감 히 거부할 수 없었다.

그리하여 열차 칸에서 술판이 벌어졌다. 러시아에서 먹는 첫 번째 보 드카였다. 원래 열차 내부에서는 음주가 금지돼 있다. 열차를 탈 때 짐 검사를 하는데 술을 못 싣고 타게 돼 있다. 그래서 열차가 출발하고 큰 도시의 역에 정차할 때, 역에서 장사하는 상인들에게 몰래 술을 사 온 다. 술을 들고 올 때 당연히 승무원에게 걸리면 안 되므로 검은 봉지에 숨겨서 들어온다. 나는 그렇게 귀한 술을 먹고 있었다. 안주는 아르젬 아저씨가 술과 함께 사 온 닭다리였다. 1인 1 닭다리를 먹었는데 얼마 만에 먹는 닭다리인지 정말 맛있었다.

나와 아르젬 아저씨, 그의 일행을 포함한 3명은 보드카를 30분 내로 사이좋게 나눠 먹고, 나는 기절했다. 참 신기했던 것은 분위기였다. 서로 대화가 안 통해서 어색할 것 같았지만 전혀 어색하지 않았다. 우리는 세계 만국 공통어인 보디랭귀지로 의사소통을 했다. 손뿐만이 아닌 팔다리를 다 사용했다. 우리가 가장 많이 나눈 보디랭귀지는 원 샷으로 서로 웃으면서 계속 술을 마셨다. 기분이 정말 좋았다. 내가 찾은 두 번째 낭만은 바로 보드카다.

보드카를 다 마시고 바로 옆자리인 내 자리로 돌아와서 숙면을 취했다. 이때 해가 쨍쨍하게 뜨고 있는 대낮이었다. 술이 깨고 일어나 보니, 밤이었다. 오랜만에 해를 보고 자서 달을 보며 기상을 했다. 오래간만에 먹은 술은 해장을 요구했다. 모스크바에서 구매한 한국 컵라면이 머리를 스쳤다. 아르젬 아저씨에게 한국의 해장용 라면을 소개하고 싶었다. 하지만 들리는 것은 아르젬 아저씨의 코골이 소리였다. 아저씨도 아주 깊은 숙면을 취하고 있었다. 뜨거운 물을 컵라면에 부어 컵라면 한 그릇을 먹었다. 배에서 풀리는 술기운에 몸은 안식을 찾아갔다. 낮에 종일 잤는데도 배가 차니 또 잠이 몰려왔다.

열차에서 3일째가 되니 이제 슬슬 멘붕이 오기 시작했다. 승무원이 카트를 끌면서 맛있는 걸로 유혹했지만 전혀 먹고 싶은 생각이 들지 않았다. 하지만 러시아 사람들은 그렇지 않아 보였다. 삼삼오오 모여 카드놀이를 하면서 활기차게 시간을 보냈다. 아르젬 아저씨께는 전날 보드카에 대한 보답으로 청소년 관람 불가 영화를 보여드렸다. 아저씨는 엄지 척과 함께 또 다른 영화를 요구하셨다. 세계 어느 나라를 가든 남자는 똑같다.

열차에서 4일째가 되는 날, 아르젬 아저씨의 소개로 새로운 친구 이무르를 만났다. 이무르는 프랑스인으로, 러시아어와 중국어 그리고 영어를 구사할 줄 아는 엘리트였다. 아르젬 아저씨가 다시 한번 술을 사러 정차한 역에 나갔다가 이무르를 만났다. 러시아어와 영어를 할 줄 아는 이무르를 보자마자 우리 술자리로 데리고 왔다. 이무르는 낯선 러시아인의 초대를 흔쾌히 받아들일 줄 아는 오픈 마인드의 여행자였다. 이무르를 통해서 우리는 대화가 통하는 술자리를 가졌다. 이번 술은 코냑이었다. 아저씨와 이무르가 러시아어로 대화를 하면, 이무르와 내가 영어로 대화를 했다. 대화가 통하니 대화를 안주 삼아 천천히 술을 마셨다.

술을 먹고 자리로 돌아오니 술기운에 슬슬 눈이 풀렸다. 이때가 오후 4시 정도밖에 안 되었는데 깊은 잠을 잤다. 저녁에 일어나서 이무르에게 가니 역시 뻗어있었다. 조금 뒤 일어난 이무르와 함께 내가 준비한 컵라면으로 함께 해장을 했다. 한국의 컵라면에 대한 이무르의 반응은 엄지 척이었다. 아르젬 아저씨는 슬슬 기차에서 내릴 준비를 하고 있었다. 함께 해장하는 기쁨을 누리지는 못했지만 한국의 컵라면을 선물했다. 라면을 믹고 미소 지을 아저씨의 얼굴이 생각났다.

새벽이 되어서 아르젬 아저씨 일행은 열차에서 내렸다. 나는 아르젬 아저씨 일행을 배웅하며 떠나가는 뒷모습까지 지켜보았다. 아무것도 모르는 외국인에게 먼저 다가와 말을 걸어주고, 음식과 술을 건네주는 러시아 사람들의 정. 언어는 통하지 않지만 내가 열차에서 필요한 것은 없는지, 손짓 발짓으로 물어보고 챙겨주던 러시아 사람들. 그들의 정을

'사람 냄새'라고 표현하고 싶다.

나는 시베리아 횡단 열차를 타고, 러시아 대륙을 횡단하는 낭만을 꿈꾸었다. 하지만 내가 마주한 열차의 현실은 머릿속의 낭만과는 달랐다. 하루만 지나면 열차의 쓰레기통은 쓰레기로 넘쳐흐른다. 냄새에 민감한 사람은, 열차에 탑승한 다양한 사람들의 몸 냄새와 발 냄새로 진동하는 열차 안에서 숨쉬기가 힘들 것이다. 잠자리에 민감한 사람은, 좌석을 이어 붙여 만든 열차 침대가 불편할 것이다. 열차 여행은 힘들다. 하지만 그럼에도 여행자들이 열차 여행을 찾는 것은 '사람'이라는 변수가 있기 때문이 아닐까. 그 사람들이 힘든 현실에 향수가 되어, 힘든 현실을 아름다운 순간으로 승화시켜주니까.

열차에 가득했던 다양한 사람의 몸 냄새, 사람이면 가지고 있는 지극히 정상적인 발 냄새. 하지만 그 냄새를 잊어버릴 만큼 사람 냄새를 물씬 풍겨준 아르젬 아저씨. 아저씨 덕분에 열차에서 사람 냄새를 제대로 맡을 수 있었다. 이것이 내가 열차에서 발견한 마지막 낭만, 바로 '사람 냄새'다.

나중에 다시 시베리아 횡단 열차를 탈 것이냐는 질문을 받으면, 나는 주저 없이 예스를 외칠 것이다. 불편하지 않을 만큼의 가벼운 흔들림, 그 흔들림 속에서 달리는 열차, 그 열차 소리를 들으며 취하는 숙면, 러시아 사람들의 보드카, 역에서 파는 도시락과 닭다리. 이 모든 것이 그립지만 그 무엇보다 그리울, 사람 냄새 진동하던 14년 겨울의 모스크바 발 이르쿠츠크행 열차. 훗날 또다시 오를 시베리아 횡단 열차에서 아르젬 아저씨를 우연히 만나기를 기대하며, 사람 냄새를 느끼게 해 준 아르젬 아저씨에게 감사 인사를 전한다.

아르젬 아저씨와 함께,
닭다리(左)
보드카(右)

이무르와 함께
한국 컵라면으로
해장을 하고 있다

세 번째 낭만, 사람 냄새.
아르젬 아저씨를 배웅하며

#4 삶과 죽음,
상념의 도시 바라나시

인도의 첫 여행지는 바라나시였다. 바라나시는 힌두교도들이 숭앙하는 갠지스 강과 24시간 돌아가는 화장터가 있는 도시다. 힌두교도들은 갠지스 강에서 목욕을 하면 죄를 씻을 수 있다고 믿는다. 그로 인해 갠지스 강에는 새벽부터 목욕을 하기 위해 주민들이 강가에 나와 있었다. 인도 갠지스 강에서 보는 일출은 신비했다. 많은 이가 새벽부터 나와 일출을 보고 있었다. 삶과 죽음이 공존한다는 갠지스 강에서 일출을 바라보며, 그들은 무슨 생각을 했을까?

갠지스 강이 있는 다샤스와메드 가트 주변에 있는 호스텔에 체크인했다. 가트는 인도 말로 '강으로 내려가는 계단'이라는 뜻이지만, 개인적으로 한국말의 '마을' 또는 '광장'으로 이해해도 무난하다고 생각한다. 짐만 내려놓고 가트를 구경하러 나와 바라나시 곳곳을 돌아다녔다. 카메라에 담긴 바라나시의 색채는 유독 다른 도시보다 다채로웠다.

일반적으로 바라나시에서는 악기 하나를 배우거나 팔찌 만들기 등을 하면서 조용히 시간을 보낸다. 바라나시는 무엇을 하러 오는 것이 아닌, 정말 쉬러 오는 상념의 도시다. 도시의 느낌이 휴양과는 살짝 다르다. 인도 바라나시를 같이 여행한 진호 형이 젬베를 배운다기에 나도 따라갔다. 음악에 소질이 없는 나는 옆에서 구경만 했다. 딩가딩가 하면서 젬베를 치는데, 한 번 정도는 경험상 배우는 것도 재미있어 보였다.

갠지스 강에서
목욕하는 현지인

　다음 날, 바라나시의 다샤스와메드 가트를 따라 쭉 걸어갔다. 그러면
화장터에 도착하게 된다. 인도 사람들은 신성한 갠지스 강에 뿌려지면
윤회가 끊어진다고 믿는다. 전국의 모든 인도인이 갠지스 강에 와서 화
장을 하는 것은 아니다. 하지만 화장터 주변을 걷다 보면 화장터로 옮
겨지는 시체들을 정말 많이 볼 수 있다. 갠지스 강으로 가는 시체들을
보면 그들의 삶이 어땠을지 궁금해진다. 행복했을지 슬펐을지 아니면
무난했는지, 왜 그들은 윤회를 끊으려고 하는 걸까?

　문득, 현재 내 삶은 어떤지 돌아보게 되었다. 자연스레 나는 어떻게 살
아왔고, 살고 있으며, 앞으로 어떻게 살아가야 하는 지로 생각이 이어
졌다. 끝내, 나는 죽으면 어디로 가는 것일까? 그 답은, 각자의 마음속
에 자리 잡고 있다고 결론지었다.

　바라나시에 도착한 첫날, 그 도시만의 색을 담으러 카메라를 들고 나
왔다. 바라나시는 다양한 색채로 칠해진 도시였다. 그 색채는, 바라나시
로 화장하러 오는 수많은 사람의 다양한 삶을 반영했다. 그리고 다양한
색채의 양 끝에는 삶과 죽음의 색이 있었다. 바라나시에 와서 화장하는
인도인들의 모습을 보면서, 삶과 죽음을 다시 생각하게 되었다. 바라나
시가 휴양이 아닌, 상념의 도시라는 의미를 안 순간이었다.

갠지스 강에서
바라보는 일출

다양한 색채를 가진
바라나시

화장터로 향하는 길에
쌓여 있는 나무 장작

#5 두 얼굴의 도시,
뭄바이

 먼지 속의 야간 버스를 타고 인도 제1의 경제도시 뭄바이로 왔다. 뭄바이는 타지마할 호텔 주변으로 여행자 거리가 형성돼 있다. 근처 호스텔에 숙소를 잡고 뭄바이의 거리를 걷기 시작했다. 인도 제1의 경제도시답게 한쪽 거리에는 다양한 상점들이 들어서 있었다. 또한, 한때 영국의 식민지였던 뭄바이에는 유럽풍의 건물들도 많이 남아있었다. 거리를 거닐다 보면 유럽풍의 건물들과 마천루를 연상시키는 높은 빌딩들을 쉽게 볼 수 있다. 이는 뭄바이에 세련된 이미지를 안겨주었다. 하지만 뭄바이는 두 얼굴을 가진 도시로서, 마천루 뒤에는 200여 개의 슬럼가가 존재했다.

 뭄바이의 대표적인 슬럼가가 위치한 마하 락시미 역(Mahalaxmi-railway)으로 향했다. 뭄바이의 두 얼굴을 가장 잘 보여주는 곳이 바로 마하 락시미 역에 위치한 '도비 가트'다. 도비 가트는 빨래를 생업으로 살아가는 도비왈라들이 빨래를 하는 장소다. 도비왈라는 인도에서 빨래하는 직업에 종사하는 사람들로, 대를 이어 빨래를 전수한다.

 인도는 카스트 제도라는 계급 체계가 존재했던 나라다. 현재는 법적으로 폐지됐지만 아직도 많은 인도인의 일상생활에 영향을 미치고 있다. 그중 하나가 도비왈라라는 직업에 대한 인식이다. 신체의 분비물이 몸에 접촉하는 것을 싫어하는 인도인들 사이에서 도비왈라는 최하위 계급에 속한다. 어떤 가이드 책에는 사람의 노동을 관광하러 가는 것은 잘못되었다는 식으로 기술돼 있었다. 역설적이게도 그 말 자체가 '그들이 도비왈라라서, 그들의 계급이 최하위라서'라는 의미를 내포하고 있지는 않았는지 의문이 드는 대목이었다.

우리는 흔히 한 분야에서 오래 일한 사람을 '장인'이라고 부른다. 그들의 노동과정을 기록하고, 기술을 배우려고 한다.

그렇다면 한 분야에서 장인이 된 사람과 도비왈라를 구분하는 기준은 무엇일까? 개인적으로, 나는 도비왈라들이 빨래터의 장인이라고 생각한다. 인도 사회에서 그들을 볼 때는 도비왈라지만, 관광객들이 그들을 볼 때는 하나의 장인 집단이다. 관광객은 그들의 신분을 구경하러 가는 것이 아니라, 관광객의 자문화(自文化)에 없는 문화를 보러 가는 것이다.

뭄바이의 슬럼가. 슬럼가의 시설은 낙후됐지만 그곳에 사는 주민들이 보여준 호의는 밝았다. 남녀노소 불구하고 사진을 찍어달라고 하며, 카메라에 찍힌 자신의 사진을 보여주면 환하게 웃던 그들. 그들을 아직도 빈민으로 규정하는 것이, 인도 사회에 남아있는 '인식'일까 아니면 '돈의 부족'일까. 내가 인식 없는 한낱 외국인이기에 그들에게 쉽게 다가갈 수 있었을까, 아니면 내가 외국인이기에 그들이 신기해서 먼저 다가온 것일까. 한 가지 확실한 것은 그들도 우리와 똑같이 살아가고 있는 인간이었다는 점이다. 어떤 도시를 방문해도 빈부 격차는 존재하기 마련이다. 그 격차가 가장 극명하게 드러나며 그 모습을 사진 한 장에 담을 수 있는 도시가 바로, 뭄바이였다. 나에게 뭄바이가 두 얼굴의 도시로 기억되는 이유다.

두 얼굴의 도시, 뭄바이
도비가트와 도비가트 뒤로 보이는 마천루의 빌딩들

#6 킬리만자로가
나를 부른다

에티오피아에서 케냐를 넘어 탄자니아까지 숨 가쁘게 이동을 했다. 그 이유는 단 하나였다. 아프리카 대륙의 최고봉인, 킬리만자로 산 등반을 위해서였다. 세계적으로 유명한 만큼 킬리만자로 투어 비용은 정말 비쌌다. 투어 회사에 따르면, 평균적으로 미화 900달러 정도(한화 약 97만 원/15년 5월 기준)가 든다고 했다. 이 중, 반 이상이 킬리만자로 입장료다. 즉, 킬리만자로 입구에서 입장료(산행료 및 구조 보험비)로 미화 616달러(한화 약 67만 원)를 바로 카드로 결제한다. 나머지 미화 약 300달러(한화 약 32만 원) 정도는 투어 회사에 지급하는 투어 비용이다. 이 비용에는 요리사, 포터, 왕복 교통편, 출발 전날과 도착한 날의 무료 숙박 제공, 산행 시 필요한 모든 장비의 대여 비용이 모두 포함돼 있다.

대부분의 고생은 가이드, 포터, 요리사가 하지만, 돈은 대부분 회사가 챙긴다. 그러므로 투어 비용을 무조건 깎고, 그 돈으로 팁을 많이 주는 것이 좋다. 팁은 10%가 원칙이지만 더 주어도 된다. 참고로 나는 추후에 팁에 관해 발생할 문제를 방지하기 위해 (터무니없이 높은 금액을 요구하는 경우) 회사 측에서 가이드, 포터, 요리사에게 팁을 지불하는 조건으로 총 투어 비용을 계산했다. 즉, 투어 비용에 팁까지 포함해서 결제한 것이다. 참고로 등산이 모두 끝나고 난 뒤, 나는 별도로 팁을 챙겨

주었다. 그러면 가이드, 포터, 요리사는 회사와 나에게서 모두 팁을 받으므로 더 많은 팁을 받을 수 있다.

나는 총 투어 비용으로 미화 250달러(한화 약 27만 원)를 지불했다. 평균 투어 비용 시세가 미화 300달러임을 감안하면, 매우 값싸게 킬리만자로 산 투어를 신청했다. 그 비결은 바로 블로그를 보여주며 여행사 사장과 가격 협상을 했기 때문이다. 먼저 나를 한국에서 굉장히 유명한 여행가로 소개했다. 세계일주를 하며 운영하는 블로그를 사장에게 보여주었다. 블로그에 방문하는 사람들의 숫자와 누적 방문 수를 보여주며 강한 어필을 했다. 그 당시 많은 사람이 나의 블로그에 방문했기에 누적 방문 수가 높은 편이었다. 킬리만자로 투어 후기와 여행사 추천 게시글을 블로그에 올리는 조건으로 가격 협상을 시작했다. 여행사 사장이 내가 제안한 조건과 가격을 흔쾌히 수긍하며, 나는 미화 50달러(한화 약 5만 5,000원)를 깎을 수 있었다.

킬리만자로는 만만한 산이 아니므로 장비부터 챙기러 갔다. 여행사의 장비 대여소에서 신중히 고르고 골라 장비 대여를 끝냈다. 옷들의 상태가 모두 A급은 아니었지만, 등산 시 입기에는 전혀 문제가 없었다. 다행히 침낭과 등산화의 상태는 A급이었다. 나는 침낭에서 시작해 등산화, 패딩, 바람막이 상의와 하의, 후리스 2벌, 헤드 토치, 마스크, 장갑, 발 덮개(먼지 방어용)까지 빌릴 수 있는 모든 것을 빌렸다. 이제는 등반만 남았다.

킬리만자로에는 정말로 표범이 살고 있을까?

2015년 5월 4일, 킬리만자로가 나에게 손짓했다.

킬리만자로가 나를 부른다

#7 킬리만자로 정상에서
10년 뒤 나에게 보내는 편지

킬리만자로 등반의 시작은 '퍼밋(Permit, 허가장)'을 받는 것에서 시작한다. 킬리만자로 국립공원 입구에서 입장료 미화 616달러를 결제하면 퍼밋이 나온다. 나와 가이드, 요리사, 포터의 입장료가 모두 포함된 금액이다. 세 사람의 입장료는 각각 미화 2달러(한화 약 2,000원)이며 등산객이 지불한다.

입구 초입에는 킬리만자로를 처음으로 등반한 유럽인 한스 마이어의 기념비를 볼 수 있다. 킬리만자로를 등반하는 루트는 다양하지만 나는 대중적인 '마랑구 루트'를 선택했다. 4박 5일의 일정 중에서 3일간 등산을 해야 했다. 3일째 자정에는 킬리만자로 정상 우후루피크(5,895m)를 등반하고, 남은 2일간 하산을 하는 코스였다. 킬리만자로는 높은 입장료를 지불하는 만큼 환경 관리가 매우 철저하게 이뤄지고 있다. 등산객은 산으로 갖고 들어가는 것을 그대로 갖고 나와야 하며 쓰레기를 절대 버릴 수 없다. 그래서인지 킬리만자로는 매우 깨끗하고 쾌적했다.

3일간 등산을 하던 중, 가이드에게 킬리만자로의 어원을 물어봤다. 킬리만자로에는 오래전에 치타(Chita) 부족이 살았다고 했다. 수백 년 전의 킬리만자로 산은 지금처럼 정상에만 눈이 있는 것이 아니라 대부분이 눈으로 덮여 있었다. 하지만 킬리만자로의 눈 덮인 형상은 항상 구름에 가려져 그 모습을 드러내지 않았다. 그러던 어느 날, 마랑구 근처에 살던 치타 부족이 맑게 갠 킬리만자로의 모습을 보게 되었다. 눈 덮인 킬리만자로의 모습을 보고 '키보(Kibo)'라고 외쳤다. 키보의 뜻은 '엄청난' 또는 '경이로운'의 뜻을 가진 놀람의 감탄사다. 키보라는 말을 독일인이었던 한스 마이어가 독일 발음으로 킬리라고 한 것이, 오늘날 영어 발음으로 '킬리만자로'가 되었다고 했다. 킬리만자로 이름에는 여러 가지 설이 있지만, 그중 하나다.

3일째 자정, 킬리만자로 정상인 우후루피크로 등반을 시작했다. 내가 등반한 날은 달빛이 아주 밝아 헤드 랜턴을 사용할 필요가 없었다. 1시간 정도 올라가다가 잠깐의 휴식을 취했다. 다시 발걸음을 움직여 한참을 걸어가고 있는데 가이드가 현 지점이 5,500m임을 알려줬다. 이제부터는 쉴 틈 없이 올라갔다. 바로 앞이 길만스 포인트(5,685m)였기 때문이다. 킬리만자로 등반에서 대부분의 오르막길은 길만스 포인트까지다. 분명히 길만스 포인트가 눈앞에 보이는데, 왜 그리도 먼 것인지 계속 올라가도 끝이 없었다. 이 구간까지가 킬리만자로 등반에서 가장 힘든 구간으로 생각됐다.

올라가는 당시, 정말 춥고 배고프고 더불어 졸음까지 몰려왔다. 그런데 가장 황당한 경험은 바로 호흡 곤란이었다. 한 발짝 한 발짝 걸어가는데, 내 심장이 쿵쾅쿵쾅 뛰는 것이 느껴졌다. 그래서 한 걸음 걷고, 한 호흡 숨을 들이마시면서 천천히 걸음을 내디뎠다. 심지어 도중에 숨이 멎는 느낌이 들어서 재빨리 물을 마신 적도 있었다. 5,000m가 장난이 아님을 이 부분에서 크게 실감했다. 더군다나 쉬고 싶어도 쉴 수가 없었다. 옷이 다 젖은 상태라서 움직이지 않고 쉬면 더 추워졌다. 그냥 죽어라 걸었다. 당시 영하 15도였다. 참고로 뜨거운 물을 담은 내 물통에는 올라가는 도중 점점 살얼음이 끼기 시작했고, 정상에 도착하니 완전히 얼어 있었다.

그렇게 도착한 길만스 포인트에서, 이제 진짜 정상인 우후루피크로 향했다. 다행히도 경사진 곳은 없고 대부분 평지였다. 그래도 공기가 부족한 것은 변함없는 사실이었다. 서서히 해가 떠오르고 있었다. 해가 밝아 오니 우후루피크로 가는 길이 더 선명하게 보였다. 밑에서 볼 때는 몰랐던, 구름 위로 모습을 감추고 있던 킬리만자로의 만년설은 할 말을 잃게 만들었다. 밝아지는 해 기운과 주변에 펼쳐진 만년설을 둘러보며 정상으로의 발걸음을 서둘렀다. 그리고 마침내 도착했다. 킬리만자로 정상, 우후루피크.

우후루피크에 도착해 주변을 둘러보았다. 한마디로 웅장했다. 표범을 아무리 찾아봐도 보이지 않아서, 내가 표범 포즈를 취하며 기념사진을 찍었다. 대부분의 사람이 정상에 올라온 후, 춥다는 이유로 금방 내려갔다. 실제로 나도 사진을 찍다가 손가락이 어는 줄 알았다. 상상 이상의 추위였다. 그래도 최대한 오래 있고 싶었다. 6시간 동안 힘들게 올라왔는데 5분만 있다가 내려가는 것은 억울했다. 그래서 가이드가 내려가자는 말에도 그냥 무시하고 오래 자리를 지켰다. 킬리만자로 정상을 내 눈과 가슴에 담고 싶었기 때문이다. 나는 마지막 등산자가 올라올 때까지 약 40분 정도 정상에 머물렀다. 그러면서 떠오른 생각들이 있었다. 정상 등반을 하기까지 힘든 순간들을 기억하며, 10년 뒤 나에게 메시지를 보내고 싶었다. 그래서 킬리만자로 정상에서 10년 뒤 나에게 보내는 영상 메시지를 찍기 시작했다.

"안녕 범석, 현재 나는 아프리카 최고봉이라는 킬리만자로 정상에 서 있어. 올라올 때 많이 힘들었지. 키보 숙소에서 잠을 못 자서, 올라올 때 졸면서 올라왔잖아. 정말 위험했지. 오후 6시에 먹은 스파게티는 금방 허기져서 배도 엄청 고팠어. 하지만 무엇보다도 호흡곤란을 겪은 것은 이번이 처음이었지? 내 심장이 쿵쾅쿵쾅 뛰는데, 그 소리가 아주 선명하게 들리기는 처음이었어. 공기가 부족해 한 걸음씩 내디딜 때마다, 한숨 들이쉬고 다시 한 걸음을 내디뎠지. 그렇게 6시간 동안 죽어라 걷기만 했지. 또 쉬고 싶어도 옷이 다 젖어서, 추워서 쉬지도 못했잖아. 그래도 포기할 수 없었던 이유는, '죽기 전에 후회할 일을 만들지 말자', '포기할 거면 시작도 하지 말자'라는 좌우명이 있기 때문이었어. 고로 내가 10년 뒤 나에게 하고 싶은 말은, 이렇게 힘들지만 정신력으로 버티고 이겨내서 올라온 이 순간들. 이 순간들을 절대로 잊지 말라는 거야. '인생은 가까이서 보면 비극이고, 멀리서 보면 희극이다.'

찰리 채플린이 말한 아주 유명한 명언이지. 네가 산을 올라갈 때 느꼈던 힘들었던 순간들. 그 힘든 순간들이 그 순간에는 비극이라고 생각되지만, 정상에 올라오고 나서 돌이켜보면 뿌듯함과 성취감을 주려는 희극의 한 과정이지 않았을까 싶어. 10년 뒤 네가 어떤 인생을 살고 있을지는, 지금 내 모습으로는 모르겠어. 잘 살고 있다면 좋은 것이고, 힘든 삶을 살고 있을 수도 있겠지. 만약 힘들다면, 네가 킬리만자로를 오르던 순간들을 상기하길 바래. 그리고 떠올려. 그 힘듦이 곧, 너가 희극으로 다가가는 하나의 과정임을….

나도 엄청 오글거리지만, 10년 뒤 이걸 보며 힘을 낼 나를 생각하며. 2015년 5월 8일, 우후루피크에서….

킬리만자로 정상, 우후루피크(5,895m)

표범이 없어서 내가 킬리만자로 표범이 되기로 했다

정상으로 가는 길에 만날 수 있었던 만년설

킬리만자로 정상에서 보이는, 발 밑의 구름으로 높이를 실감할 수 있다

#8 Why we do this?
우리는 왜 킬리만자로 등반을 할까?

킬리만자로의 정상 우후루피크를 다녀오고 숙소에서 1시간가량의 수면을 취하며 피로를 풀었다. 무사히 정상을 등반한 사실이, 마치 큰 숙제를 해결한 느낌이었다. 가벼운 마음으로 하산을 시작했다. 하산은 올라왔던 길을 다시 내려가면 됐다. 저녁이 되어서 킬리만자로의 마지막 밤을 보낼 숙소로 들어와 누웠다. 숙소의 나무에 이런 글귀가 적혀 있었다.

'Why we do this?(우리는 왜 킬리만자로 등반을 할까?)'

나는 사실 한국에 있을 때, 산을 좋아하는 사람이 아니었다. 초등학교 때 설악산을 한 번 갔다 오고, 살면서 동네 뒷산도 갈까 말까 한 사람이었다. 그러던 내가 여행을 시작하고 나서 산을 찾아다니기 시작했다. 내가 산을 찾아다닌 이유는 자연 속에서 걷는 순간이 참 좋았기 때문이다. 그 순간, 내가 자연 속에서 하나가 되는 느낌이 들었다. 동시에 정상까지 힘들게 올라가서 바라보는 풍경은, 밑에서는 절대 볼 수 없는 아름다운 보상이었다.

여러 나라를 방문하며 각 나라의 대표적인 산들을 다니다 보니, 점점 고도에 대한 욕심이 생겼다. 이번에는 3,000m를 가봤으니, 다음에는 4,000m를 가보고 싶었고, 다음에는 5,000m에 도전해보고 싶다는 생각이 들었다. 사실, 킬리만자로를 등반해보고 싶었던 가장 큰 이유는 고

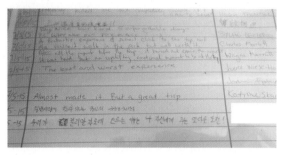

우리가 킬리만자로에 오르는 이유는 나 자신에게 주는 또 다른 도전

도였다. 아프리카 최고봉 5,895m, 거의 6,000m에 가까운 높이는 정말 매력적이었다. 전문 산악인이 아닌 일반인이 약 6,000m에 육박하는 산을 등반할 수 있는 곳은 드물다. 6,000m는 그전에는 한 번도 등반해보지 못한 높이였다. 이번 킬리만자로 등반은 나 자신에게 부여하는 '도전'에 가까웠다.

23살에 군대를 전역한 후, 자신감 200%로 못할 것이 없다고 생각했다. 하지만 세상은 내가 생각한 것처럼 뜻대로 움직여주지 않았다. 이번 여행이 끝나면, 여행의 모토인 '하늘을 지붕 삼고 땅을 이불 삼아'처럼 세계를 가슴에 품고 좀 더 큰 사람이 되어 있을 것이라고 생각했다. 하지만 여행이 끝나가는 이 시점에 드는 생각은 그게 아니었다. 세계를 돌아다니며 많은 것을 보고 많은 사람을 만나니, 상대적으로 내가 얼마나 부족한 사람인지 오히려 알게 되었다.

우물 안 개구리는 그 세계가 전부라고 알고 살아간다. 내가 우물 안 개구리였다면, 말 그대로 그 세계에 갇혀 맘 편하게 살아갔을 것이다. 그런데 나는 봐버렸다. 우물 밖의 세계를! 나 자신이 이제 무엇이 부족한지 알았으니, 배워서 채워나가야 한다. 그 부족함을 채웠다면, 정주하지 말고 다시 새로운 것에 도전하며 우물을 확장해야 한다. 나는 지금이나 앞으로나 새로운 것과 가보지 못한 세계에 계속 도전하며 살아갈 것이다. 이런 나를 보고, 우리 어머니는 '인생, 참 어렵게 산다'고 말을 한다.

고로 내가 계속 도전을 하는 이유는, 세상을 보았으니까! 부족함을 느꼈으니까! 그 부족함을 채워 나가야 하니까! 정주하면, 끝이니까!

킬리만자로 등반 후, 방명록에 한 마디를 남겼다. '우리가 킬리만자로에 오르는 이유는 나 자신에게 주는 또 다른 도전!' 내가 왜 킬리만자로 등반을 했는지에 대한 충분한 대답이 됐다고 생각한다. 우후루피크 정상을 등반하면, 가이드가 이를 보증하며 킬리만자로 국립공원 사무소에서 발급하는 '등반 인증서'를 받아온다. 이를 수령함으로써 4박 5일의 킬리만자로 등반을 최종 마무리했다. 살면서 한 번은 킬리만자로에 꼭 도전하기를 바란다.

MOUNT KILIMANJARO-TANZANIA

- Uhuru Peak (UP) 5895 m
- Stella Point (SP) 5756 m
- Gilman's Point (GP) 5685 m

Senecio kilimanjari *Impatiens kilimanjari*

This is to certify that

Mr / ~~Mrs~~ / ~~Miss~~   Beom Seok Song

has successfully climbed Mt. Kilimanjaro the Highest in

Africa to **Uhuru Peak 5895m** amsl

Date 8th May-015   Time 6l5Dam   Age 25 Years

ANTONY

GUIDE   **CHIEF PARK WARDEN**   **DIRECTOR GENERAL**

          Kilimanjaro National Park   Tanzania National Parks

CERTIFICATE No. UP   3 2 1 8 5 8

킬리만자로 정상 등반 후 받은 등반 인증서

151

#9 마사이족을 통해 본 아프리카 교육, 삶을 바꾸는 잠재적 기회

아프리카 여행 중에 탄자니아에 있는 초등학교를 방문한 적이 있다. 한국에서 자원봉사를 하러 온 사람들이 운영하는 곳으로, 아프리카 아이들을 위해 초등학교를 건설해 아이들에게 교육을 제공하고 있었다. 나 또한 이 초등학교에서 하루 동안 자원봉사를 했다. 아이들에게 교육을 한 것은 아니고 아이들의 프로필 사진 찍는 것을 도왔다. 아이들을 후원해주는 이들에게 보내는 사진이었다. 사진을 다 찍고 쉬는 시간에 아이들과 장난을 치며 놀고 있었다. 이때까지만 해도 모든 아프리카 아이가 학교에서 교육을 받으며 자란다고 생각했다. 하지만 초등학교 밖에서 염소를 몰고 다니는 마사이족 아이를 목격하고 나서는, 생각이 많이 바뀌었다.

점심시간에 초등학교 울타리 밖으로 염소를 몰고 다니는 마사이족 아이를 한 명 보았다. 나이는 초등학교에 있는 아이들과 비슷해 보였다. 또래의 아이들이 학교에서 교육받고 있는 동안 그 아이는 염소를 몰고 있었다. 저 아이는 왜 방목을 하고 있는지 학교 선생님에게 물었다. 그 아이는 마사이족으로 방목은 그의 선택이라고 했다. 국경 없이 방목하며 사는 마사이족의 생활 방식은 크게 2가지로 나뉜다. 마사이족 일부는 현재까지도 기존의 전통생활 방식인 방목 문화를 고수하며 살아간다. 반대로 또 다른 일부는 사회로 나와 경제활동을 하며 지낸다.

초등학교는 외국에서 지원받는 후원금으로 운영되며, 아프리카 아이들을 교육했다. 아이들을 가르쳐 초 중 고 대학까지 보내는 것이 무슨 의미가 있는지 처음에는 몰랐다. 그런데 직접 와서 보니, 참으로 의미가 있었다. 아프리카에서 교육은 단순히 수학과 영어를 배우는 것 이상의 의미를 갖고 있었다. 교육은 아이들에게 삶의 시야를 넓혀주어 삶의 선택지를 다양하게 만들어 주고 있었다. 일생을 살아감에 있어서 염소만 키우며 들판을 돌아다니는 것이 삶의 전부가 아니라, 다른 세계도 있다는 것을 그들에게 알려 자신의 삶을 선택할 기회를 주었다.

훗날 아이들이 커서 인생의 다른 길이 있는지 궁금해할 때, 다른 세계로 나가보고 싶을 때, 지금 받는 교육들이 선택의 폭을 넓히는 밑거름이 되기를 바랐다. 이런 의미에서 아프리카에서 교육이 갖는 의미를, 삶을 바꾸는 잠재적 기회라고 말하고 싶다.

또래들이 학교에서 교육을 받는 동안 염소를 몰고 다니는 마사이족 아이

#10 여행이 아름답게 살찌고
세상이 아름다워지는 이유, '길바닥 티켓'

잠비아에서 큰 인연을 만났다. 잠비아의 수도 루사카에서 가발 사업을 하시는 김 사장님이었다. 나미비아로 넘어가기 위해서 잠비아에서 비자 발급을 신청했다. 일주일간 대기시간이 있었는데 김 사장님 덕분에 숙소와 음식이 해결되어, 잠비아에서 일주일간 호화롭게 보낼 수 있었다. 특히, 그동안 맛볼 수 없었던 다양한 한식을 집중적으로 먹을 수 있었다. 평상시에도 잘 먹고 다닌다고 생각했는데, 김 사장님 덕분에 여행을 다니며 필요한 모든 영양을 다 보충할 수 있었다. 그 힘으로 잠비아에서 빅토리아 폭포를 방문해 구경 후, 번지점프까지 했다. 잠비아를 떠나며, 내가 이렇게 많은 사람에게 도움을 받으며 여행을 다닐 수 있었던 이유에 대해서 생각하기 시작했다. 나는 그 도움을 어떻게 갚아 나가야 할까?

여행자들 사이에서 흔히 사용되는 말이 있다. 바로 '길바닥 티켓'이다. 이 용어를 정의 내리는 것이 애매하지만, 굳이 정의하자면 '길에서 만난 사람들끼리 조건 없이 베푸는 선행'을 일컫는다. 마치 형이 동생 밥 한 끼를 사주듯이, 좀 더 가진 사람이 좀 더 돈을 내듯이, 아무 이해관계없이 그냥 사람이 좋아서 베푸는 것이다. 여행을 다니다 보면 무수히 많은 사람을 만나게 된다. 그들 중 많은 이는 나에게 조건 없이 선행을 베풀었다.

캄보디아에서 여행을 시작한 지 한 달도 채 되지 않아서 소매치기를 당해 모든 것을 잃었을 때, 캄보디아 경찰서에서 인정하는 분실 신고서와 기타 서류들을 받는 것을 도와주신 은인.

프랑스에서 샤모니 몽블랑을 갔다가 리옹으로 돌아가는 마지막 교통편을 놓쳤을 때, 내 사정을 배려해준 호텔 사장님. 사장님은 하루를 묵을 수 있는 푹신한 소파와 따뜻한 담요 그리고 맥주 한 잔도 건네주었다.

스위스에서 오스트리아로 넘어가는 밤 열차를 놓쳐, 이름 모를 마을에서 하루를 묵게 되었을 때 만난 노부부. 그들의 집 앞마당에 텐트를 치려고 문을 두드린 순간, 부부는 나를 집에 초대해 따뜻한 빵과 스위스 치즈 그리고 샤워 시설을 내주었다.

잊을 수 없는 불가리아 세븐 레이크 호수. 호수 옆에 텐트를 치고 잠을 청했을 때, 비가 와서 추위에 떨고 있던 나에게 다가온 산장 아주머니. 내 손을 잡고 바로 안으로 들어오라고 했다. 몸을 녹일 수 있는 따뜻한 물 한 잔과 푹신한 담요가 있는 침대를 내주셨다.

루마니아 부체지산에 도착해서 짐 보관소가 없어 당황했을 당시, 선뜻 내 짐을 자기 집에 보관해주신 리디아 아줌마. 그녀는 부체지산에서 하산 후 주변에 호텔밖에 없어 당황할 때, 자기 집의 방 한 칸을 기꺼이 내주었다. 여행을 다니며 오랜만에 느껴본 엄마의 정이있다.

러시아 횡단 열차에서 만난 러시아 사람들은 낯선 외국인에게 먼저 손을 내밀었다. 그들과 열차 안에서 함께 마신 보드카의 뜨거운 열기는 아직도 잊을 수 없다. 그 열기에는 특유의 사람 냄새가 났다.

이스라엘 갈릴리에서 나사렛으로 히치하이킹이 너무 되지 않아 자포자기했던 일이 있었다. 그때 들리는 목소리 "이봐, 너 거기에 서 있어. 내가 너 태우러 갈게." 낯선 동양인을 태우기 위해 가던 길을 돌아온 아줌마. 덕분에 나사렛까지 무사히 이동해서 이스라엘 여행을 마무리할 수 있었다.

탄자니아 잔지바르에서 매일매일 다른 반찬으로 밥상을 차려주신 사모님의 진수성찬. 카메라가 고장 나서 한국에서 새로 산 카메라를 아프리카 말라위로 보냈을 때, 그 카메라를 받아주신 말라위의 양 목사님. 그리고 그러한 인연으로 대접받은 얼큰한 김치찌개.

잠비아의 김 사장님은 다양한 한식과 양식 음식들을 사주고, 심지어 손수 요리까지 해주셨다. 덕분에 정말로 잘 먹으면서 잠비아를 여행했다. 아프리카에서 족발과 보쌈, 삼겹살, 감자탕, 콩국수, 삼계탕 그리고 짬뽕을 먹을 수 있을 것이라고는 전혀 생각하지 못했다.

카우치 서핑을 통해 집의 한 칸을 숙소로 제공해준 친구들. 히치하이킹에서 낯선 나를 자신의 차에 태워준 친절한 외국인들. 이 밖에도 일일이 열거하며 설명할 수 없는 많은 분의 도움이 있었다. 이 글을 쓰는 지금 이 순간도, 그 당시의 감사함을 여전히 기억하고 있다.

혹자는 물어본다. "그렇게 받기만 해도 되는지?"

그 질문에 다음과 같이 대답하고 싶다. 받기만 하고 그 감사함을 잊고 살면 그 사람은 그 그릇밖에 안 되는 사람이라는 것. 나를 포함해 그 누구도 자신의 그릇을, 받기만 하는 사람으로 단정 짓고 싶지는 않을 것이다. 나는, 도움을 베풀어준 그 사람에게 자기가 받은 선행만큼만을 갚으라고 말하고 싶지는 않다. 그 이상이어도 된다. 게다가 그 사람이 아니라 다른 사람이라도 상관없다. 세상이라는 길바닥을 돌아다니며 받은 티켓이니, 길바닥에서 만나는 어느 사람에게나 베풀면 된다. 세상이

어수선해도 그나마 아름답고, 아직 돌아다닐 만한 것은 이런 선행이 되풀이되기 때문이라고 생각한다.

내가 받은 이 티켓들이 누군가에게 되돌아갈지 모르겠지만, 훗날 생각해본다. 나의 지인들, 아니 다리 건너 아는 사람들, 아니 길 위의 친구들이 여행을 떠나 내가 살고 있는 타지에 왔을 때, 사람 냄새 물씬 풍기는 내 공간에 초대해 따뜻한 방 한 칸을 내주고 싶다. 갓 지은 흰쌀밥에, 조미료의 맛이 아닌 손맛이 느껴지는 반찬들로 차려진 집밥을 대접하고 싶다. 현지에서 먹어봐야 할 맛있는 음식들과 방문해야 할 곳들, 현지인만 알고 찾아가는 아지트 같은 명소들을 소개하고 싶다. 적어도 나를 만났을 때 그들이 살찌워져 가기를, 정을 느끼기를 바란다. 그들이 나에게 받고 느낀 것들이 나중에 다시 누군가에게 베풀어질 그날을 희망하며.

이런 생각을 하는 내가 있기에, 이런 생각을 실현하는 여행자들이 있기에, 이런 세상이 만들어지고 있다. 그러므로 우리는 여행에서 우연히 만날 '길바닥 티켓'을 기대하며, 설레는 마음을 안고 여행을 떠나본다. 이런 우리가 있는 한, 여행은 점점 아름답게 살찌워지고 고로 세상은 아름다워진다.

세상으로부터 내가 받은 길바닥 티켓

#11 900년간 잠들었던
데드 블레이(Dead Vlei)가 들려주는 이야기

Dead Vlei / 죽음의 습지

영어권에서 온 Dead(죽은), 그리고 아프리카에서 온 Vlei(습지)

이 둘의 단어가 만나서 이름 붙여진 Dead Vlei, 죽음의 습지

옛날 이곳은 물이 흐르는 곳이었고, 이곳에는 나무들이 줄지어 있었다.

어느 날 바람이 불어 '빅대디'라는 큰 모래 언덕이 쌓여, 결국 물길이 사방으로 끊어지게 되었다.

그 결과 물은 마르고 말라, 현재 이 모습에 이르게 되었다고 한다.

멀리서 보면 모두 검은빛의 아카시아 나무들이지만,

자세히 그 속으로 들어가 보면 모두 자기만의 이야기를 갖고 있다.

생명과 죽음이 한 공간에 있는 데드 블레이, 그곳에서 흐른 자그마치 900년간의 시간!

긴 세월 동안 나무들이 간직한 이야기를 공유하려고 한다.

선택

홀로 가지가 땅으로 내려간 나무는 선택에 대해서 말해줬어.

남들이 다 하늘로 간다고 나도 따라갈 필요는 없대.

각자 자기만의 색깔이 있으니 그것을 찾아 선택하고 그 길을 소신껏 가래.

사회가 요구하는 색깔에 자신을 맞추지 말고,

자기가 하고 싶은 것을 선택해서 나아가라고 말해줬어.

관점

내가 이 나무에 다가갔을 때, 나무는 자신의 모습이 어떻게 보이는지 물어봤어.

홀로 살아가는 데드 블레이의 독고다이일까?

집단으로부터 소외된 약자일까?

같은 장면을 보아도 보는 관점에 따라서 다르게 생각할 수 있다고 말해줬어.

그러니 남이 나의 단면만을 보고 판단하는 것에 왈가왈부할 필요가 없대.

단지, 서로 관점의 차이일 뿐이니까.

관점의 차이는 소통으로 해결할 수 있다고 말해줬어.

의지

인생이라는 여정에서 자기의 길을 가다 보면,

때로는 부러지고, 넘어지고, 그다음에 일어선다고 말해줬어.

부러지고 넘어져서 매우 힘들 때,

'적어도 나는 내가 하고 싶은 것을 해봤다',

'최선을 다했다'는 자기 합리화로 자신을 설득하면 안 된다고 말해줬어.

설득이 아닌, 넘어져도 일어서려고 하는 강한 의지가 필요하다고 말해줬어.

경쟁

이 나무는 자기 혼자 성장하려고 하늘 높이 치솟았대.

같은 뿌리에서 나오는 가지들이 하늘로 올라오려고 하면,

자양분을 다 빼앗아 자기가 다 먹었대.

그 결과 주변을 둘러보니, 900년간 아무도 없었대.

이 나무는, 인생은 홀로 살 수 없다고 말해줬어.

인생을 살다 보면 많은 사람을 만날 거라고 말해줬어.

친구가 되면 좋겠지만, 그게 아니더라도 인생에서 가급적이면 적은 만들지 말래.

남을 짓밟고 올라온 자리는, 결국 주변을 둘러보면 남아 있는 것이 하나도 없으니까.

그래서 서로를 배려하지 않는 경쟁은 무의미하대. 안 그럼, 결국 부러지니까.

친구

세 그루의 나무를 본 순간, 쌍둥이인 줄 알았어.

하늘로 뻗은 가지 방향과 생김새가 너무 비슷했기 때문이지.

하지만 세 그루의 나무들은 자기들을 '친구'라고 소개했어.

원래 '막역지우'끼리는 생각하는 것과 하는 행동도 비슷해 서로 닮는 거래.

그러면서 자기들은 지금 너무 행복하다고 말해줬어.

뜨거운 햇빛과 모래 때문에 물이 마르면서 죽어갈 당시에,

힘듦을 같이 나누며 함께 이겨낼 마음 맞는 친구가 옆에 있어서,

그 고통을 같이 이겨낼 수 있었대.

900년이 지난 지금은, 하루도 지루할 날 없이 수다를 떨며 여생을 보내고 있대.

그러니, 너도 어서 빨리 그런 친구를 만들라고 말해줬어.

이 말을 듣는 순간, 머릿속으로 떠오르는 친구들이 있어서 참 다행이었지.

쉼터

인생을 살아가다 보면 넘어지고 힘들고 지칠 때가 있지. 그때는 쉼터가 필요하대.

그늘이 없어도 내 짐 내려놓고 마음 편히 쉴 수 있는 공간이 있으면, 그곳이 쉼터래.

그래서 내가 물어봤어.

"마음 편히 기대면서 쉴 수 있는 곳이 어디 있냐고?"

나무가 대답했어.

"그런 사람을 동반자로 만나렴."

가족

사랑하는 사람을 만나 결혼을 하고 애를 낳고 가정을 꾸리면, 가족이 된대.

인생에서 가족은 정말 큰 선물이라고 했어.

인생이라는 마라톤에서 결승선까지,

내 곁에서 조건 없이 함께 가주는 고마운 사람들이니까.

그러니 있을 때, 정말로 잘하라고 말해줬어.

형제자매

서로 비슷하면서도 다르게 생긴 저 나무들은 형제래.

가족 중에서도 특히 형제자매끼리는 더욱 돈독해야 한다고 했어.

부모님이 돌아가시고 나면 세상에 유일하게 남는 혈육은 바로 형제자매니까.

생각해봐! 세상에 남은 혈육이 나 혼자라면, 너무 외롭지 않을까?

그래서 자녀는 하나보다는 둘, 둘보다는 셋이 좋대.

그래서 나는 셋을 낳기로 결심했지.

사랑

데드 블레이에서 아주 유명한, 견우와 직녀라는 별명을 가진 나무들이래.

이 두 나무는 900년 전, 사랑을 속삭이던 잉꼬부부였대.

하지만 아쉽게도 엄청난 양의 모래와 햇살이 이들의 목숨을 앗아갔지.

그래도 이들은 어떻게 해서든 다시 만나고 싶어 했어.

그들의 소식을 들은 하늘은 그들의 사랑을 이어주고 싶어 했대.

그 결과, 견우와 직녀가 7월 7일에 오작교를 통해 만나듯이,

데드 블레이의 견우와 직녀 나무도 해가 뜨는 그 순간,

서로의 그림자를 통해 다시 만날 수 있었다고 해.

사랑은 누군가의 일방통행이 아닌,

서로가 쌍방향으로 오고 갈 때 더 오래간다고 말해줬어.

긍정적인 생각

900년간의 뜨거운 햇빛으로 건조된 이 나무는 결국 부러졌어.

데드 블레이에 오는 모든 관광객이 서 있는 나무들만 사진을 찍고 자기에게는 관심이 없어서,

자기는 '아무짝에도 쓸모가 없다'라고 생각했대.

하지만 지금에 와서야 말하길, 모두에게도 각자의 역할은 있대.

자기가 부러져 누워있으, 힘든 누군가가 앉아서 쉴 수 있는 쉼터가 된 것처럼 말이야.

자신이 처한 상황이 나쁘다고 탓하지 말고,

그 상황에서 할 수 있는 무언가를 찾아야 한대.

상황을 긍정적으로 보고 개선하려는 노력, 그것이 필요하다고 말해줬어.

그래서 내가 물어봤어. 그것은 누구나 다 그렇게 생각한다.

힘들면 당연히 상황을 개선하려고 하고, 긍정적으로 생각하려고 노력한다.

문제는 그 상황을 타개할 방법을 모르니,

다들 긍정적이어도 상황을 개선하지 못하지 않느냐?

그러자 나무가 말했어. 시야를 넓혀보라고!

왜 데드 블레이가 탄생과 죽음이 공존하는 곳인지 아냐고?

고개를 거꾸로 돌려보라고 했어.

167

역발상

데드 블레이가 탄생과 죽음의 의미가 공존하는 진정한 이유는,

겉으로 보기에는 죽은 것처럼 보이는 이 나무들이,

고개를 돌려보면 하늘(물)로 뿌리를 뻗고 있기 때문이지.

데드 블레이의 나무들은 하늘(물)에서 계속 물을 먹으며 생명을 유지하고 있었던 것이야.

사실, 데드 블레이는 더 이상 죽은 곳이 아니었어.

시야를 넓힌다는 것의 의미는,

1차원적인 생각의 확장이 아니라, 3차원적인 다각도 발상이라고 말해줬어.

여러 나무의 이야기를 듣고 난 뒤, 데드 블레이의 나무들과 작별 인사를 하고 나왔다.

그들이 마지막으로 한 마디 해줬다.

사색은 깊게, 시야는 넓게, 입은 무겁게, 뱉은 말은 책임지게

그리고 꿈은, 살아내게

#12 은하수가 가로지르던 우유니 사막,
여지를 두고 오다

　남미를 여행하는 많은 여행자의 로망은 세계 최대의 거울로 불리는 우유니 사막에 방문하는 것이다. 우기에 가면, 아름다운 '리플렉션(Reflection, 투영된 현상/ 우유니 사막의 투명한 소금물에 하늘이 그대로 반사되는 모습)'의 끝판 왕을 볼 수 있어서다. 하지만 나는 건기에 그곳을 방문했다. 다행히도 가이드가 물이 찬 곳을 일일이 찾아다니며 우유니의 낭만을 충족 시켜 줬다. 건기의 우유니는 우기의 우유니만큼은 아니지만, 그래도 아름답고 세상에서 가장 별이 많은 사막으로 기억하고 있다.

　한국 사람들과 함께 우유니 사막 투어를 했다. 경험 많은 가이드를 만난 덕분에 다양한 사물을 이용해 재미있는 사진들을 많이 찍을 수 있었다. 어느 정도 사진을 찍고 난 뒤, 해가 질 때까지 천천히 기다렸다. 일몰을 기다리면서 일행들끼리 서로 어떻게 노는 지에 따라, 시간을 보내는 것은 천차만별이었다. 우리는 우유니를 바탕으로 여러 실루엣 사진들을 찍으며 그 순간들을 즐겼다. 개인적으로 지프 위에서 하늘을 배경으로 찍는 실루엣 사진은, 누가 누구를 찍어도 인증샷이 아닌 인생샷이 나온다.

　해가 지고 난 뒤의 우유니 사막은 매우 고요하다. 고개를 들어 하늘을 올려다보면 밤하늘을 가로지르는 은하수를 볼 수 있다. 세계일주의 종

지부를 찍는 시점에 방문한 곳이 우유니 사막이었다. 여행을 다니며 3곳의 사막에 들어갔다. 모로코의 사하라 사막, 이집트의 바하리야 사막, 나미비아의 데드 블레이. 각각의 사막에 들어가서 1박을 보냈었다. 각각의 사막에서 잠을 잘 때마다 밤하늘을 수놓은 많은 별을 바라보며 감탄을 금치 못했다. 하지만 우유니 사막의 밤하늘은 차원이 달랐다. 은하철도를 연상시키는, 밤하늘을 일사로 가로시르는 은하수는 처음 보았기 때문이다. 나를 포함한 모든 일행은 은하수를 카메라에 담으려고 조리개를 조절하며 셔터를 누르고 있었다. 그러기를 몇 차례 반복하고 나서 모두 가만히 하늘을 올려다봤다. 카메라 렌즈에 은하수를 담기에는 은하수가 너무 길었다. 대신 모두 가슴 한편에 은하수를 담고 있었다.

세계 최대의 거울로 불리는 우유니 사막에서 눈부신 리플렉션의 장면을 보지는 못했지만 하늘을 가로지르는 은하수를 가슴에 담고 왔다. 걷기의 우유니는 걷기대로의 낭만이 있었다. 여행지를 돌아다니다 보면 그 여행지에서 꼭 해봐야 하는 리스트가 있다. 각 여행지의 랜드마크를 꼭 방문해야 하고, 그 여행지에서만 먹을 수 있는 음식을 꼭 먹어봐야 한다. 여행에는 정답이 없다고 하면서 사람들은 그 여행지에서 꼭 해봐야 하는 정답지를 만들어 가고 있었다. 자유로운 여행을 꿈꾸지만, 아이러니하게도 손에는 교과서를 1권씩 들고 있다.

나 또한 그 교과서에서 자유로울 수 없었으며, 그렇게 여행했었다. 그 교과서는 양날의 칼처럼 이중성을 갖고 있다. 처음 가보는 낯선 땅에 대한 좋은 이정표가 될 수도 있지만, 반대로 나를 강박하는 포승줄이 될 수도 있다. 이정표와 포승줄의 한 끗 차이는 여행이 끝나가는 시점에서 느끼지만, 여유가 아닐까 싶다. 마음의 여유에서 여행지에 다시 올 수 있다는 '여지'가 나온다. 이곳을 다시 오지 못한다는 생각, 혹은 강박이라는 표현이 더 어울릴지도 모르는 그 초조함이 여행에서의 여유를 옭아맨다.

"여행지에 여지를 남겨두고 오는 것은 어떨까?"

다시 오지 못하는 곳은 없다. 정말로 좋았던 곳은 좋았기에, 다시 오면 된다. 그때, 못해보고 못 먹었던 것을 해보면 된다. 혼자 온 곳은 둘이 돼서 오면 된다. 둘이 온 곳은 다시 둘이 오거나 또는 가족이 돼서 오면 된다. 난 우유니 사막에 혼자 왔다. 그래서 우유니 사막에 둘이 돼서 다시 올 여지를 남겨두었다. 신혼여행으로 세계일주를 시작해, 둘이 지프 위에서 함께 우유니의 은하수를 바라보는 언젠가를… 상상해본다.

밤하늘을 일자로 가로지르는 은하수

Part 4
회고록

그간의 여행을 돌이켜보면, 시작부터 소매치기를 당하며 화려한 서막을 열었다. 대륙별로 한 번씩 크고 작은 5번의 소매치기를 당하며 여행 시작부터 나의 예산에는 적신호가 들어왔다. 그러므로 먹고 싶은 것을 다 먹고 다니는 배부른 여행은 아니었다. 그렇다고 좋은 숙소에서 자는 아늑한 여행은 더더욱 아니었다. 텐트를 들고 다니며 공원에서 노숙을, 지하철에서 눈치를 보며 쪽잠을 잤다. 때로는 야간 버스를 타며 숙박을 해결하기도 했다. 날이 쌀쌀한 날에는 공항에 가서 물티슈로 씻고 잠을 청했다. 그럼에도 불구하고 누군가 여행을 떠난다고 하면, 나는 '인생에서 한 번쯤 배낭여행 가는 것은 나쁘지 않지!'라며 배낭여행을 권한다.

나는 세상 곳곳에 있는 멋있는 곳들을 눈에 아니, 가슴에 담아 왔다. 누군가 돈을 저축하고 시간을 만들어 앞으로 다닐 여행지들을 미리 돌아보고 느끼고 왔다. 내 옆에 있을 누군가와 함께 다시 가보고 싶은, 함께 아름다운 추억을 쌓고 싶은 장소들을 세계 곳곳에 남기고 왔다. 살아가면서 힘들고 지칠 때, 행복했던 순간들을 떠올리며 자연스레 입가에 미소를 짓게 할 추억 보따리 하나도 만들고 왔다.

그래서 나는 내 20대를 돌이켜 보았을 때, 후회 없이 보냈다고 이야기한다. 이런 나를 보며 사람들은 묻는다. 후회 없이 보낸 20대의 여행을 통해서 무엇을 얻었느냐고. 나는 항상 이렇게 대답한다.

"2년을 여행하든, 2개월을 여행하든, 2주를 여행하든 기간이 중요한 것이 아니라, 당신이 어떤 추억을 만들고 그것을 어떻게 갈무리했는지가 더 중요하다고."

그래서 나 또한 내가 무엇을 갈무리했는지, 희미해지기 전에 기록으로 남기려고 한다.

#1 직접 해보지 않고서는 그 누구도 결과를 알지 못한다

여기, 내가 여행자금을 마련할 당시와 관련된 재미있는 두 가지 에피소드가 있다. 당시 최저임금이 높았던 호주에서 워킹 홀리데이로 여행자금을 모으기로 계획했던 때의 일이다. 호주에서 6개월간 일을 하여 약 3,000만 원의 여행경비를 마련할 계획을 세웠다. 호주에서 6개월간 어떻게 돈을 벌지에 대한 계획도 나름대로 구체적이었다. 호주 워킹 홀리데이 세미나에 참석해 내 계획에 대한 전문가의 조언을 구했다. 그 당시 강사 한 분에게 내 계획을 말했고, 그분이 나에게 하신 말씀이 아직도 기억에 남는다.

"범석 씨, 호주에서 핫도그 하나가 얼마인지 아시나요?"

아직 호주 물정도 제대로 모르는 젊은 친구가 말도 안 되는 계획을 세웠다는 것을 의미했다.

호주에서 처음 간 도시는 시드니였다. 나 또한 영어가 능숙하지 않아서 처음에는 한인 일자리를 구했다. 시급 13불로 한인 일자리치고는 높은 임금을 주었지만 6개월에 3,000만 원을 벌기에는 턱없이 부족했다. 고민하는 가운데, 묵고 있던 호스텔에서 우연히 한국인 한 명을 만났다. 그 사람은 나에게, 호주에서 가장 돈을 많이 벌 수 있는 다윈이라는 도시를 소개해줬다. 호주에 온 지 3일 만에 한인 일자리를 그만두고 바로 다윈으로 넘어갔다.

주변 사람들은 모두 만류했다. 다윈은 사람이 살기 힘든 오지로 평균 온도가 40도가 넘는 굉장히 습한 도시다. 그래서 5분만 걸어도 옷이 땀으로 젖는다. 일반적으로 다윈은 워킹 홀리데이 비자 연장에 필요한 시간을 채우기 위해 주로 농장으로 잠깐 일하러 가는 곳이었다. 내가 다윈 시티에서 일자리 2개를 구해서 일하겠다고 말하니, 그것은 강원도 산골에서 편의점 2곳을 찾아서 일하려고 하는 것과 같은 것이라고 했다. 하지만 나는 다윈에 가서 일자리 5개를, 일주일 내로 얻을 수 있었다.

두 가지 사례에서 하나의 공통점을 찾을 수 있다. 호주 어학원 관계자들은 6개월 동안 3,000만 원을 벌려고 시도해 본 적이 없었다. 나에게 다윈에 가지 말라고 한 사람들은 모두 다윈에 가 본 적이 없는 사람들이다. 나에게 유일하게 다윈을 가라고 한 사람은 유일하게 다윈을 다녀온 사람뿐이다. 즉, 그들은 모두 직접 해보지도 않고 남의 계획에 대해서 왈가왈부한 것이다.

물론 조언은 할 수 있다. 하지만 직접 해보지 않은 사람의 '그럴 것이다'라는 추측의 조언보다, 내가 품은 생각을 현실에서 직접 실천해 보는 것이 더 가치가 있다고 생각한다.

'궁금하지 않나?'

머릿속에서 며칠을 품은 나의 계획들이 현실에서 어떻게 실현될지.

내가 그들의 말만 듣고 다윈으로 넘어가지 않았으면, 어떻게 됐을까? 시드니에서 계속 시급 13불을 받으며 3,000만 원을 모으려고 2년간 일만 했을 수도 있다. 나의 계획을 직접 시도했기에 6개월간 3,000만 원을 모을 수 있었다. 그러니 내가 직접 해보지 않고서는 그 누구도 결과를 알 수 없다.

#2 하기 싫은 일도
   해야 하는 이유

- 인생은 가까이서 보면 비극이고, 멀리서 보면 희극이다 -

나는 호주에 가서 일을 하며 여행자금을 모았다. 그 당시 환율로 6개월 동안, 한화로 약 3,000만 원을 벌었다. 하루에 10시간 이상씩, 일주일에 약 80시간을 종일 일만 했다. 내가 한 일은 키친 핸드로 불리는 주방 설거지였다. 꾸준히 일을 하던 어느 날, 일을 마치고 숙소의 테라스에서 쉬고 있었다. 갑자기 뜬금없이 눈물 한 방울이 흘러나왔다. 심적으로나 육신적으로 지쳐 있었다. 내가 지금 낯선 타지에서 무엇을 하고 있는지 갑자기 허탈한 감정이 몰려들었다. 그때가 호주에서 일한 지 4개월이 되는 시점이었다.

여행자금을 중간 점검해보니 통장에 약 2,000만 원 정도가 있었다. 지금 당장 여행을 떠날지 아니면 2개월을 더 일해서 목표치를 채울지에 대한 많은 고민을 했다. 결국 이를 악물고 남은 2개월 동안 더 일을 했다. 내가 계획했던 여행을 마무리하기에는 2,000만 원으로는 많이 부족했다. 그래서 나는 19개월 동안 하고 싶은 여행을 하기 위해 6개월 동안 하기 싫은 일을 감내했다.

인생은 가까이서 보면 비극이고, 멀리서 보면 희극이다. 찰리 채플린이 말한 유명한 명언이다. 호주에서 일을 할 때, 그 순간은 정말 비극이

었다. 얼마나 싫었으면, 호주에서 여행자금을 다 모으자마자 바로 호주를 떠났다. 그 당시 나는 외국인 노동자에 가까웠다. 하지만 세계일주가 끝난 지금 돌이켜보니, 비극이었던 그 순간들은 희극으로 가는 하나의 과정이었다.

　돈을 버는 비극의 시간이 없었다면 그 돈을 사용하며 여행을 다니는 희극의 시간도 없었다. 지금 당장은 비극처럼 느껴지는 시간이 곧 희극으로 가는 받침돌임을 알기에, 꿈이 있는 사람은 자신의 꿈을 이루기 위해서 가끔이 아니라 아주 많이 하기 싫은 것도 해야 한다.

#3 여행을 통해
시야를 넓힌다는 의미

- 다양한 사람의 삶을 보고, 다양한 삶의 방식을 알아가는 것 -

우리는 여행을 다니면서 많은 것을 보고 들으며, 맛있는 음식을 먹는다. 때로는 행복하고 때로는 고생을 한다. 그 과정에서 자연스레 많은 사람을 만나고 대화를 나눈다. 대화가 어느 정도 이어지면 그들이 갖고 있는 생각과 삶을 살아가는 방식을 듣는다. 그들을 통해서 내가 기존에 알지 못했던 또 다른 삶의 방식들을 알게 된다.

인도네시아에서 만난 네덜란드인 베라는, 대학 입학 전에 9개월 동안 여행을 하고 있다고 했다. 그리고 아이슬란드 워크 캠프에서 만난 이스라엘인 뉴발은, 군대 전역 후 모은 돈으로 1년간 자전거 여행을 하고 있었다. 2명 모두 대학 전공을 선택하기 전에 자신이 좋아하는 것을 발견하는 '갭이어(Gap year)'의 시간을 갖고 있었다. 진로 선택에 대한 깊이 있는 탐구를 위해 1년간 여행을 하고 있던 것이다.

중국에서 만난 프랑스인은 미혼의 중년 여성이었다. 2주간 휴가를 내서 여행을 왔다고 해서 막연히 사무직에서 근무할 것이라고 추측했다. 하지만 그녀의 직업은 웨이트리스였다. 프랑스 남부와 스페인을 오가며 일한다고 했다. 성수기에는 일을 하고 비수기에는 여행을 다녔다. 노후에 대한 걱정보다는, 현재 자신의 행복한 삶에 초점을 맞추며 살

아가는 사람이었다.

　나미비아에서는 스페인 사람을 알게 되었다. 그는 여행을 너무 좋아
해서 여행과 일을 병행하는 삶을 살고 싶어 했다.(이런 삶은 배낭여행
자들의 로망이다) 그래서 그는 국제 영어 선생님이 되었다. 국제 영어
교사 자격증을 취득 후, 원하는 나라에 지원해 근무하고 있다. 그는 아
프리카를 깊게 여행하고 싶어서 탄자니아에서 2년을 보냈다. 다음 근
무지로는 아프리카의 또 다른 나라를 고려 중이라고 했다. 아프리카 여
행이 끝나면 아시아로 오고 싶어 했다. 일생을 여행하는 삶을 살아가는
그가 참으로 멋져 보였다.

끝으로 여행을 하면서 처음으로 부러웠던 여행자가 있었다. 그 사람은 한국 사람으로 대기업에서 근무하다 퇴사를 하고 세계여행을 출발했다. 당시 여자친구까지 설득해 추후에 함께 여행을 했다. 여자친구가 여행에 합류할 때, 턱시도와 웨딩드레스를 갖고 왔다. 세계의 여러 아름다운 장소들을 다니면서 둘만의 웨딩 사진을 찍는 모습을 보았다. 처음이자 마지막으로 부러운 여행자였다. 내 신혼여행의 미래 모습을 보는 것 같았다.

여행을 통해서 시야를 넓힌다는 것은 굉장히 포괄적인 의미를 담고 있다. 하지만 적어도 내 경험에 의해서 내가 느낀 의미는 다음과 같다. 다양한 사람을 만나서 대화를 나누고, 다른 문화권에서 살아가는 사람들의 삶을 보며, 내가 기존에 몰랐던 삶의 방식들을 하나둘씩 알아가는 것. 삶을 살아가는 선택의 기로를 다양화해 내가 원하는 삶을 주체적으로 선택하고 기획할 수 있는 것. 그 과정에서 내가 무엇이 부족하고 무엇이 더 필요한지를 찾아 발전하는 것. 이것이 내가 느낀, 여행을 통해 시야를 넓힌다는 의미다.

이런 사고 자체를 할 수 있다는 것은… 여행이라는 '인풋(Input)'이 있기에 시야의 확장이라는 '아웃풋(Output)'이 나올 수 있는 것이 아닐까 싶다.

#4 자신감의 커리어를 쌓아라!

- 외부의 시선이 아닌, 내부의 기준 : 버킷리스트 -

중국 여행 당시, 사진작가 루이 루윈의 사진을 보았다. 바로 누드사진이었다. 그 사진을 보고 개인적으로 감명을 받아서 기회가 되면 꼭 한번 누드사진을 찍고 싶었다. 중국 야딩풍경구에서 누드사진을 찍을 기회가 왔고 찍었다. 개인 블로그에 중국 여행기를 포스팅하는 과정에서 누드사진이 들어갔다. 다음 날, 나의 SNS로 정말 많은 메시지가 왔다.

'와, 대단하다'부터 '너 무슨 자신감으로 사진을 올리니?' 등의 메시지였다. 질문에 대한 대답을 일일이 하다 보니, 결국 대답은 자신감이라는 말로 귀결되었다. 자신감은 자존감에서 나온다는 말이 있다. 그런데 남의 눈치를 잘 보고 남의 시선을 잘 의식하는 사람들은 과연 얼마나 자존감을 확립하고 있을까?

애초에 자기 의지와는 다르게 자존감이 생길 수 없는 환경에 처한 사람들도 있다. 루저, 못난 외모, 패션 테러리스트, 불우한 가정환경, 부모님의 이혼, 가정폭력. 그곳에서 오는 우울증까지. 긍정적인 부분을 찾아보고 싶어도 찾을 수 없는 환경에 처한 사람들도 있다.

'나'라는 사람에 관해 설명하고자 한다. 일단 나는 키가 크지 않다. 대한민국 성인 남자의 평균 키도 안 되는 단신이다. 잘 생기지도 않았다.

금수저도 아니다. 나는 초등학교부터 고등학교 때까지 약 10년이라는 세월 동안 17평짜리 주택에서 동생과 같이 한 방을 사용했다. 그 당시에 핸드폰도 없었다. 별명은 단벌 신사였다. 교복 하나로 생활했고, 방학에는 청바지와 티셔츠 2~3장으로 버텼다. 개인적으로 방학이 되면 정말 좋았다. 정부는 차상위 계층에게 점심 비용 대용으로 음식점의 식권을 지급했다. 덕분에 나와 동생은 외식을 할 수 있었다.

청소년기의 나는 키도 작고 잘 생기지도 않았다. 그렇다고 집안이 유복했던 것도 아니다. 나는 자존감 자체를 가질 수 없는 사람 중 한 명이었다. 그 시절은 남들의 시선으로 보았을 때, 사회적 시선으로 보았을 때, 한 마디로 루저였다. 당시 나는 외부의 시선으로 평가되는 나의 모습이 싫었다. 그래서 의문을 품었다.

내가 생각하는 자존감은 자기 존재를 사랑하는 감정의 이유다. 그런데 왜, 그 이유를 굳이 외부에서 찾아야 하는 걸까. 나를 사랑하는 이유인데. 그래서 나는 그 이유를 내부인 나 자신에서 찾기로 했다. 스스로 기준을 만들고 그 기준으로 나를 평가하자! 나에게 있어 그 기준은 버킷리스트였다. 과거에 내가 해왔던 것들, 지금 하고 있는 것들, 그리고 앞으로 해나갈 것들. 작은 것부터 시작해서 점차 크게 나아갔다.

이번 학기에는 전공과목에서 A+를 받아야지. 다음에는 모든 과목에서 A+를 받아서 우리 과의 톱을 해보자. 나아가서 세계일주까지. 나는 기획했고 추진했고 해냈다. 그러다 보니 하나둘씩 해나가고 성취하는 나의 모습을 발견했다. 성취해가는 모습에서 나를 더 사랑할 수 있게 되었다. 그렇게 자존감이 확립되면서 자신감으로 이어졌다. 외부의 시선이 아닌 자신이 만든 내부의 기준으로 자신을 사랑했다. 성취한 내부의 기준들이, 곧 자신감의 커리어가 됐다. 앞으로도 그 기준들을 하나 하나 이뤄가면서 점점 자신감의 커리어를 만들어갈 것이다. 진심으로 자신을 사랑하길 바란다.

#5   동행에 필요한
      한 가지

- 서로에 대한 배려 -

여행을 다니며 많은 사람과 동행을 했다. 때로는 짧게 때로는 길게 같
이 여행을 다녔다. 처음 만난 사람과 동행을 한다는 것은 그 사람에 대
한 호의가 있기에 가능한 것이다. 하지만 같이 여행을 다니다 보면 그
사람에 대한 호의가 점점 실망으로 변하는 경우도 종종 있다. 왜 그런

지 돌아보니 서로에 대한 배려가 부족했기 때문이다.

동행의 의미는 '같이 길을 감'이다. 둘이 같아서 같이 걸을 수 있는 것이 아니다. 서로 다르지만 그 차이를 인정하며, 양보와 배려를 하므로 같이 걸을 수 있는 것이다. 우리가 동행을 꾸준히 이어 가려면 상대방이 나에게 해준 배려를 알고 감사해야 한다. 이번에 내가 원하는 것을 주장했다면 다음에는 내가 상대방에게 양보할 줄도 알아야 한다. 아주 기본적인 것이지만 여행 중에는 생각보다 잘 지켜지지 않는 부분이다.

일정은 같을 수 있지만 그 일정 속에서 각자 하고 싶은 것은 다를 수 있다. 더군다나 여행지를 자주 올 수 있는 것은 아니니 각자 하고 싶은 것을 양보하기가 쉽지는 않다. 한편으로는 나에게 배려를 부탁하는 사람이 이해가 가지만 한편으로는 나에게 배려를 부탁한 사람에게 이해를 바라기도 한다.

배려는 여행에서의 동행뿐만 아니라 모든 인간관계에서도 적용되는 부분이다. 잠깐의 동행에서도 배려가 필요한 것인데 평생을 같이 살아가는 결혼생활은 오죽할까. 서로에 대한 배려. 가장 기본적이지만 익숙한 듯 잊어버리며 사는 배려. 남들에게 나 또한 배려를 받고 싶기에 나부터 남들을 배려하며 살아가련다.

#6 그럼,
어디가 정말로 좋았니?

- 사람들과 함께했던 추억이 있는 곳 -

사람마다 어떤 여행을 좋아하는지는 각자의 기준에 따라 다르다. 어떤 사람은 사람 만나는 것을, 어떤 사람은 맛있는 현지 음식을 먹는 것을, 또 다른 사람은 자연을 보는 것을 좋아한다. 각자 좋아하는 것을 할 수 있는 여행지가 정말로 좋지 않을까 싶다. 나 또한 위와 같은 것을 모두 좋아한다. 하지만 이들 중에서도 가장 좋았던 여행지는 바로 사람들과 함께했던 추억이 있는 곳이다. 그 추억은 시간이 흘러 머릿속에 에피소드로 저장돼 있다. 그 에피소드는 멈춰있는 사진 속에 생기를 불어넣는다. 그리고 그 생기는, 단편의 기억 한 조각에 스위치를 켬으로써 우리 머릿속에 생생한 한 편의 영화로 상영된다.

어느 순간부터 혼자서 무엇을 보는 것보다 사람을 만나서 같이 추억을 쌓는 것이 더 소중했다. 혼자가 아니라 사람들과 함께했던 여행지. '낯선 사람'으로 시작해 '우리'로 마무리된 여행들. 그 여행에서 발생한 우리들만의 추억. 훗날 그 장소를 떠올리면 자연스럽게 떠오르는 얼굴들과 추억이 있는 여행지. '그때 그랬었지' 하면서 함께 미소 지을 사람이 있는 여행지. 나는 그런 여행지가 정말로 좋았다. 그래서 나는 많은 여행지 중에서도 네팔 ABC 트레킹, 중국 쿤밍, 아이슬란드 워크 캠프가 정말로 좋았다.

#7 결국,
너의 색은 무엇이니?

나의 색은, 모르겠다. 아직도 진행 중이니까. 다만, 여행이 끝나 보니
알게 되었다. 색은 찾는 것이 아니라 만들어가는 것임을. 여행을 다닌 2
년 동안 나는 여행에 푹 빠진 자유를 상징하는 파란색이었다. 여행이 끝
난 시점에는 여행을 통해 얻은 것들로 하고 싶은 것이 너무 많은 열정의
빨간색이었다. 많은 사람 앞에서 여행 이야기를 하고 싶었다. 개인 사진
전을 열어 사진을 전시하고 판매해 그 수익금을 아프리카에 기부하고

싶었다. 여행기를 정리한 에세이를 출간하고 싶었다. 해외에서 인턴을 하며 장기간 해외 체류를 하고 싶었다. 그렇다면 과거 여행에 빠져있던 파란색의 내 모습은 사라지는 것일까? 절대 아니다.

인생 그래프에서 2년 동안은 파란색이었을 뿐이고 그 후는 빨간색일 뿐이다. 때로는 슬럼프에 빠진 회색이 될 수도 있고 때로는 황금기를 맞이한 황금색이 될 수도 있다. 그 당시를 상징하는 색들이 모여 나를 표현하는 색의 스펙트럼이 형성된다.

색은 '찾는 것이 아니라, 만들어 가는 것'이다.

나의 색을 찾아 떠난 여행이었지만, 돌이켜보니 나의 색을 만들어가는 여행이었다.

10년 뒤 내 모습이 궁금하다. 인생 그래프에서 앞으로의 10년은 과연 어떠한 색들로 채워질까. 감히 말해보자면, 무지개처럼 다양한 색들로 채워져 있기를 희망한다.

#8 '내가 성장할 수 있을까?'라는 걱정으로, 여행을 머뭇거리는 이들에게

2년이라는 시간은 짧으면 짧고, 길면 긴 시간이다. 누군가는 그 시간에 화려한 스펙을 쌓을 수도 있고 고시 공부에 도전할 수도 있다. 여행을 떠나기 전, 나 또한 '여행이 끝난 후, 과연 나는 무엇을 얻을 수 있을까?'라는 고민으로 여행을 망설이던 기억이 있다. 2년 동안 해외에 있으면서 영어도 잡지 못하면 어떡하지? 남들이 스펙을 쌓고 공부를 하며 성장하는 만큼 나도 성장할 수 있을까? 여행을 갔다 오면 시야도 넓어지고 생각도 깊어진다는데 나도 그럴 수 있을까?

이런 고민은 여행을 떠나는 이들은 누구나 해봤을 만한 것이다. 나의 대답은 다음과 같다.

'여행을 통해 꼭 무엇을 느껴야 하니?'

그런 부담감은 갖지 말고 그냥 즐기라고 말해주고 싶다. 누구나 할 수 있는 말을 하는 것이 아니다. 여행에서의 성장은 콩나물의 성장과 유사하다.

콩나물은 아주 조그마하다. 콩나물을 성장시키기 위해서 물을 뿌리고 가만히 지켜보면, 물은 콩나물을 그냥 스쳐 가기 마련이다. 그 과정에서 콩나물이 물을 먹고 흡수한 것인지, 아니면 물이 콩나물 밑으로 그냥 빠져버리는 것인지 좀처럼 알 수가 없다. 그런데 다음날 보면 콩나물은 아주 크게 성장해 있다. 여행도 마찬가지다.

여행하는 순간은 내가 성장하고 있는지 정체되어 있는지 모른다. 내가 여행하면서 보고 듣고 느낀 경험한 것들이 그냥 스쳐 지나가는 것 같다. 하지만 훗날 돌이켜보면, 그 스쳐 간 경험들이 자양분이 되어 한층 성장해 있는 자신을 발견할 수 있다. 마치 물을 스치기만 한 콩나물이 다음 날 훌쩍 자라나 있는 것처럼. 적어도 여행을 떠난 당신은, 그 시절을 회상하며 미소 지을 수 있는 추억 하나는 얻을 수 있다. 그러니 '성장'에 대한 부담은 잠시 미뤄두고 세상으로 나가 사람들과 추억을 쌓으며 즐기길 바란다. 여행을 결심하고 배낭을 꾸리는 순간, 그 자체로 당신은 이미 성장의 문턱에 들어선 것이니까.

#9   끝으로,
나에게 여행이란?

세상을 무대로 삼아 나의 추억들을 만드는 것,

가끔 그 영화 한 편을 머릿속에서 상영하면서,

스스로 입가에 미소를 띠는 것.

- 버킷 리얼라이저 송범석

QR 코드를 스캔하면
세계일주 영상을 보실 수 있습니다

2부

세계일주, 그 후 2년간의 이야기

나는 동화책을 다 읽고 나면 항상 주인공의 줄거리 이후 삶이 매우 궁금했다. 해피엔딩이면 어떻게 행복하게 살아가는지, 새드엔딩이면 평생 불행하게만 살아가는지, 아니면 시간이 흘러 다시 행복해지는지 등.

세계일주를 마치고 한국에 돌아왔다. 여행에서 무엇을 느끼고 돌아왔는지, 그것으로 한국에서 무엇을 하며 보냈는지…. 나의 여행기를 읽은 독자들도 여행 이후의 삶이 궁금하지 않을까? 나의 여행기는 끝났지만 여행 이후의 삶에서 나는 내가 꿈꾸던 것들을 실행하며 시간을 보냈다. 내가 어떤 버킷리스트들을 이루며 살아갔는지, 지금부터 써 내려가는 이야기는 그간의 여정이다.

#1 강연 :
공허함을 채워줄 보람

　나의 색을 찾기 위해 떠난 2년간의 여행. 여행을 마치고 한국 땅을 밟는 순간, 내 가슴 깊은 곳에서는 '해냈다'는 감정과 동시에 '공허함'이 함께 차올랐다. 21살 때부터 세계일주를 결심하고 4년간 여행만 생각하다 실행했고 무사히 마쳤다. 다만, 성취감만 있을 줄 알았던 세계일주가 목표를 이루고 살펴보니 공허함이라는 감정도 함께 찾아왔다. 내가 느낀 공허함은 성취감의 만족감과 비례했다. 그래서 나는 허함을 채울 수 있는, 여행만큼 에너지를 쏟을 수 있는 또 다른 무엇인가를 찾아야 했다. 그것은 여행을 다니면서 해보고 싶던, 생각했던, 꿈꾸던 것들이었다.

　그중 하나가 바로 강연이었다. 사실 강연이라고 말을 하기보다는 내 이야기로 사람들과 소통하고 싶었다는 표현이 더 정확하다. 첫 무대는 나의 모교인 인천대학교(INU)에서 시작했다. 나와 같이 여행을 좋아하고 여행을 다닌 친구들과 함께 무대를 준비했다. 그 이름하여 〈INU 토크 콘서트〉. 여행을 주제로 청춘들이 나누는 토크 콘서트였다.

　토크 콘서트는 총 2부로 구성했다. 1부는 나를 포함한 3명의 친구들이 돌아가면서 각자의 이야기를 20~30분간 발표했다. 이어 2부는 관중의 질문을 받으면서 1시간 동안 관중들과 함께 토크를 진행했다. 잘하고 싶었기에 많이 연습하고 준비했다. 하지만 실제 무대를 마치고 내려오는 순간, 가슴 한편에 남는 아쉬움은 어쩔 수 없었다. 그래도 토크 콘서트를 진행하면서 내가 말을 전문으로 하는 강사를 직업으로 삼길 원하고 그것을 무대에서 즐긴다는 것을 알게 되었다.

사실 사람들 앞에서 말을 하는 것을 처음으로 꿈꿨던 것은 대학교 1학년 때 교양수업을 들으면서였다. 스피치와 관련된 교양수업에서 5분간 자기소개 스피치를 했다. 그때 내가 준비한 내용을 발표하면서 사람들을 처음으로 웃긴 기억이 있다. 그때 느낀 희열은 아주 짜릿했다. 그때부터 무대에서 말을 하는 것을 막연하게 꿈꾸기 시작했다. 그리고 시간이 흘러 은연중에 머릿속에서 꿈꾸던 것을 〈INU 토크 콘서트〉를 통해서 실현하게 됐다.

토크 콘서트에 온 후배 중 1명이 나에게 이런 말을 건넸다.

"선배 이야기를 듣고 감동해서 눈물이 났어요."

뿐만 아니라 토크 콘서트를 한 후 맞이한 중간고사 기간에는 공부를 하던 중에 모르는 남자분께 쪽지 하나를 받았다.

"저도 지금 해외를 나갈지 아니면 국내에서 취업 준비를 해야 할지 고민 중이었어요. 범석 씨 이야기를 듣고 덕분에 갈피를 잡을 수 있었습니다. 강연 참 좋았어요."

그 쪽지를 받고 종일 기분이 좋았다. 나는 이런 피드백을 받고 보람을 느꼈다. 그러면서 다음과 같은 생각들이 들었다.

'공허함을 채워줄 수 있는 것이 바로 이러한 보람일 수도 있겠구나!'

'내가 좋아하는 직업을 꾸준히 하면서 보람을 느낀다면 직업에서 더이상의 성취가 없어도 내가 일을 꾸준히 할 수 있는 원동력이 될 수 있지 않을까!'

토크 콘서트에서 나의 이야기를 하고 있다

군이 한마디로 표현하면, 보람이 또 하나의 월급이 될 수 있겠다고 생각했다. 우리는 어떤 직업을 갖고 그 분야에서 분명히 이루고 싶은 개인적인 목표가 있다. 꾸준히 10~20년간 달려간다면 분명 원하는 것을 성취하는 날이 온다. 하지만 각자 원하는 목표를 이루고 난 뒤 찾아오는 것은 성취감과 동시에 공허함도 분명히 따라온다. 무엇인가를 해냈다는 성취감은 생각보다 그리 오래가지 못한다. 자연스레 공허함을 채워줄 또 다른 무언가를 찾게 된다. 그 무언가는 열정을 쏟을 수 있는 새로운 꿈일 수도 있고, 보람일 수도 있다.

나는 여행이 끝나고 찾아온 공허함의 일부를, 강연을 통한 보람으로 채워 나갔다. 나의 경험이 누군가에게 도움이 되는 것. 강연 후 청중들에게 받는 피드백과 교류는 나에게 충분한 보람이 되었다. 〈INU 토크 콘서트〉를 시작으로 예비 워홀러들을 대상으로 하는 강연과 기타 다른

무대들까지. 무대에서 말을 하는 기회를 꾸준히 만들어나갔다. 그렇게
나는 내 꿈에 한 발자국씩 가까워지고 있었다.

#2　길바닥 티켓, 아프리카 :
　　글로벌 사회 공헌 프로젝트

여행을 다니면서 꿈꿨던 것 중 또 다른 하나는 아프리카 기부였다. 그래서 길바닥 티켓 프로젝트를 기획했다. '길바닥 티켓', 이 단어가 생소한 사람들이 참 많을 거다. 이는 '길에서 만난 사람들이 조건 없이 베푸는 선행'이라는 뜻으로, 나도 여행 중에 알게 된 단어다. 내가 여행을 무사히 마칠 수 있었던 이유는 많은 사람에게 도움을 받았기 때문이다. 이에 내가 받은 도움을 조금이라도 갚고 싶었다.

아프리카 탄자니아를 여행할 당시 아프리카에서 교육이 갖는 의미가 한국과는 상당히 다르다는 점을 인지했다. 아프리카 교육 현실에 도움이 되고 싶어 기부금을 마련하고 싶었다. 하지만 여행을 다닐 때는 가난한 뚜벅이었고, 한국에 돌아오니 무일푼 대학생이었다. 다행히 이런 나도 가진 것이 하나 있었다. 바로 여행을 다니면서 찍은 사진들이었다. 많은 사람이 나의 여행 사진들을 긍정적으로 평가하며 좋아했다. 심지어 2016년 코엑스 주최 및 소니가 협찬한 '세계 7대륙 여행 사진전'에서 내 사진 한 장이 후원사 초이스로 선정돼 코엑스에서 전시되는 영광도 가질 수 있었다.

여행 사진전을 열어서 사람들에게 사진을 보여주고 판매를 해서 수익금을 창출하고 싶었다. 그 수익금을 아프리카 사람들에게 기부하고 싶었다. 이 프로젝트의 이름은 다음과 같았다.

'길바닥 티켓, 아프리카 : 글로벌 사회 공헌 프로젝트.'

프로젝트를 준비하면서 '사람들이 과연 사진을 살까?'라는 의문이 생겼다. 시험 삼아 모교 축제에서 사진을 엽서로 만들어서 판매를 시도했다. 판매 결과는 아주 좋았다. 순 수익금 25만 1,000원 전액을 '세이브 더 칠드런, 스쿨 미 캠페인'에 기부했다. 완판과 함께 학생들의 좋은 반응에 힘을 얻어 자신 있게 기업들에게 길바닥 티켓 프로젝트의 후원을 요청했다. 내가 찍은 모든 사진은 소니 카메라를 사용했다. 소니에게 많은 기대를 품고 후원 요청 메일을 보냈지만 아무런 응답도 없었다. 심지어 여의도에 있는 본사까지 찾아갔지만 담당자분을 만나지는 못했다. 미팅 약속을 잡지 않고 무작정 찾아간 나의 실수였다. 다행히 비서분을 통해 담당자 메일을 알 수 있었다. 다시 메일을 보냈지만 아쉽게도 깜깜무소식이었다.

소니에 미련을 버리고 다른 회사들에게 후원을 요청하는 메일을 보냈다. '당신들이 글로벌 사회 공헌 프로젝트의 시작을 이끄는 선두주자가 될 수 있다고! 같이 하자고!' 한 카메라 회사에서 긍정적인 답변을 줬다. 하지만 내가 사용한 카메라가 소니라는 것을 말씀드리니 아쉽게도 힘들다는 답변을 받게 됐다.

내가 진행하고 싶었던 길바닥 티켓이라는 프로젝트는 실현되지 못했지만 아직도 나의 가슴 한편에는 남아있다. 그 당시가 실현 시기가 아니었을 뿐, 언젠가 프로젝트가 실현될 날이 분명히 올 것이라고 생각한다. 그래도 성과는 있어 기분이 참 좋았다. 여행 사진으로 인쇄한 엽서를 판매해 모은 기부금을, 아프리카 친구들에게 전달해 줄 수 있어서.

'세계 7대륙 여행 사진전'
에서 후원사 초이스로
선정된 사진과 함께

모교 축제에서
엽서를 팔고 있는
나와 혁범이 형

#3 아나운서 vs 상해 인턴십

나는 내 이야기를 무대에서 하는 것이 정말로 좋았다. 강연 전날, 빈 강의실에서 대본을 들고 항상 연습을 했다. 잘하고 싶었고, 공유하고 싶은 것들이 청중에게 그대로 전달되기를 바랐다. 강사를 꿈꾸었기에, 그 분야의 사람들을 직접 만나서 조언을 구했다. 모교에서 시간 강사로 근무하는 교수님부터 여행에서 만난, 청소년 지도 강사로 활동하는 사람들까지. 많은 분에게 조언을 구했다. 그분들에게 현실적인 이야기를 많이 들었다. 그러면서 나는 내가 꿈꾸는 강사라는 직업의 현실과 이상의 간극을 알기 시작했다.

내가 꿈꾸던 강사의 모습은 스타 강사였다. TV에 나와서 멋있게 자신의 이야기를 전달하는 그 모습, 나는 그 모습을 꿈꾸고 있었다. 하지만 강사의 세계는 생각보다 냉정했다. 일부 강사들은 본업보다 아르바이트로 생계를 유지하고 있었다. 내가 꿈꾸는 자리까지 올라가기에는 상당히 많은 시간이 걸렸다. 무대에서 느끼는 희열과 보람으로 그 기간을 버틸 수 있겠지만 무대에 대한 열정과 의지를 그 기간만큼 유지할 수 있는지도 참으로 중요했다.

나는 강사들이 전하는 메시지 중 일부는 서로 비슷한 것이 많다고 생각한다. 결론적으로 강연에서 전하고 싶은 말은 비슷하지만 어떻게 자신만의 이야기로 그 내용을 풀어내느냐가 핵심이라고 본다. 일례로 한 유명한 강사는 "오늘의 나는 과거 내가 한 것들의 결과다"고 말했으며, 또 다른 사람은 "매일이 쌓여서 미래가 된다"고 말했다. 이에 대해 스티브 잡스는 '커넥팅 더 도츠(Connecting the Dots)'라고 표현했다.

중요한 것은 같은 메시지를 전달해도 얼마만큼 자신의 스토리로 청중들과 공감하며 메시지를 풀어나갈 수 있는 지다. 하지만 내가 갖고 있는 경험과 스토리는 여행에 국한돼 있다. 훗날 기업 강의를 나가더라도 회사에서 일한 경험이 없으니 오프닝 멘트부터 청중들과 공감대를 형성하기에는 힘들었다. 그랬기에 많은 사람이 공감할 수 있는 사회적 경험을 쌓고 싶었다. 당장 강사를 시작하기보다는 회사 생활의 경험이 장기적으로 강사 일을 하는 데 도움이 될 것으로 판단했다. 강사를 원했지만 그 길이 아닌 다른 길을 잠시 동안 걷기로 했다. 무슨 일을 해야 할지 고민하기 시작했다. 그러면서 나를 돌아보는 시간을 가졌다.

냉정하게 자기 평가를 시작했다. 도대체 왜 내가 강사라는 직업을 꿈꾸었고, 강사의 어떠한 점이 좋았는지 등을 생각했다. 많은 시간을 고민했고 나를 돌아보니 답이 나왔다. 솔직하게 나는 관종이었다. 칭찬과 인정이 고픈 사람이었다. 사람들에게 칭찬받는 것이 좋았고 인정받는 것이 좋았다. 내 이야기를 해서 누군가를 감동시키고 인정받는 그 순간이 좋았다. 무대에서 받는 스포트라이트와 나에게 관심이 집중되는 그 분위기가 좋았다. 그러면서 내가 강사라는 직업을 하고 싶기보다는, 사람들에게 인정받는 무엇인가를 하고 싶다는 것을 알게 되었다.

평소에 내가 주변 사람들에게 어떤 긍정적인 평가를 받는지 곰곰이 생각해 보았다. 그것은 목소리였다. 목소리가 좋다는 말을 많이 들었다. 말을 하는 것을 좋아하기에 목소리를 살리면서 말을 할 수 있는 직업을 찾기 시작했다. 물론 이 중에 강사도 있지만 당장 시작하기에는 경험적인 측면에서 한계가 있었다. 더불어 나는 나의 이야기를 말하고 싶지, 리더십과 교수법 등을 가르치는 강사가 되고 싶지는 않았다. 그러므로 강사가 지금 당장 취업과 연계해서 할 수 있는 것은 아니라고 판단했다. 그래서 생각한 것이 아나운서였다.

아나운서가 말을 하는 직업이라는 점, 회사 생활을 경험할 수 있는 점, 훗날 강사로 초청되기 위한 사회적 지위를 갖춘 점, 직업이 갖는 이미지 등 아나운서는 어느 하나 부족한 것이 없었다. 아나운서를 하고 싶다는 생각을 하면서 나는 선택의 갈림길에 섰다.

이 시점에, 사실 나는 중국 인턴십을 준비하고 있었다. 대학교 3학년이 되는 데 5년이나 걸렸다. 하루빨리 학교를 졸업하고 돈을 벌고 싶었다. 뒤늦게 조기 졸업을 알게 됐다. 하지만 이미 신청 시기가 지난 후여서 조기 졸업은 물거품이 되었다. 자연스레 학교에서 1년이라는 시간을 더 보내게 되었다. 졸업에 필요한 전공과 교양의 졸업 이수 학점은 이미 다 채운 상태였다. 더 이상 교내에서 교양수업을 듣는 것은 나에게 큰 의미가 없었다.

자연스레 해외로 눈을 돌렸다. 취업을 앞둔 시점이라서 그런지 교환학생보다는 인턴 프로그램에 흥미가 갔다. 모교에서 많은 금액을 지원해주는 해외 인턴 프로그램에 참여했다. 한국에서 6개월간 기초 중국어를 배우면서 중국 상해로 인턴을 준비했다. 이 시기에, 내 인생에 아나운서라는 카테고리가 마음에 들어온 것이다.

아나운서를 준비하면 중국에 갈 이유가 하나도 없었다. 아나운서 시험은 1년을 준비해도 한 번에 붙는다는 보장이 없으며, 아나운서 공채 시험이 매년 꾸준히 열리는 것은 더더욱 아니다. 최소 2~3년을 잡고 준비를 해야 한다. 지금 내 나이를 고려해 볼 때, 하루빨리 아나운서 시험을 준비하는 것이 현명한 판단이었다. 이런 사실을 머리로 충분히 인지하고 있지만 마음 한구석에서는 또 다른 목소리가 속삭였다. 중국에 가서 기회를 보고 오는 것도 나쁘지 않을 것 같다는. '기회의 땅'이라고 불리는 중국에서, 하루하루 다르게 성장하는 중국 회사에서 일해 보며 개인적인 시야를 넓히고 싶은 욕심이 더욱 컸다.

늘 그래 왔듯이, 선택의 갈림길에서 내가 선택하는 기준은 하나였다. '할까 말까' 할 때는 해봐야 한다. 성패를 떠나서 해본 것에 대한 결과는 알 수 있지만, 못 해본 것에 대한 미련은 평생 남기 때문이다. 상해 인턴을 포기하고 바로 아나운서 시험을 준비한다면 붙든 지 떨어지든 지 간에 결과는 알 수 있다. 하지만 못해본 것에 대해서는 미련이 남는다. 상해로 인턴을 가지 못한 것에 대한 미련이 평생 남을 것 같으면, 무조건 가야 한다.

'20년 전 그때 내가 상해로 인턴을 갔다 왔다면, 지금 어떤 인생을 살고 있을까…?'

상해를 가는 것이 좋은 결과를 가져온다면 다행이지만 설령 안 좋은 결과를 가져온다 한들 상관없었다. 해 봤기에, 적어도 미련은 남지 않을 것이기 때문이다. 그래서 나는 나 자신과 타협을 했다. 상해로 인턴을 6개월 정도 다녀오고 나서 아나운서를 준비하는 것으로!

그 당시의 마음가짐은 이러했다. 그래서 나는 아나운서 준비 대신 상해로 6개월간의 인턴을 하러 출국했다. 하지만 상해 인턴이 끝나는 6개월 뒤에 나의 마음가짐이 어떠할지는 그 누구도, 심지어 나조차도 알 수 없었다. 상해가 좋아져서 중국에 더 오래 있을지, 개인적이고 현실적인 문제로 바로 취업을 할지, 아니면 아나운서를 그대로 준비할지!

3부

상해일지, 인생의 새로운 테마 중국

6개월간 상해에서 인턴을 하며 현지인처럼 생활했다. 덕분에 중국의 문화를 조금이나마 맛볼 수 있었다. 핸드폰을 개통하고 은행에서 계좌를 개설했다. 중국인이 사용하는 SNS를 설치하고 계정을 만들었다. 중국인들이 사용하는 QR 코드 스캔 방식으로 계산을 하며 매우 편리함을 느꼈다. 출퇴근길에는 지하철을 이용했고 한가한 퇴근 날에는 노란색 공유 자전거를 타고 퇴근했다. 주말이 되면 기숙사에서 생활하는 친구들과 함께 근교로 여행을 다니며 상해 곳곳을 돌아다녔다.

2개월간의 중국 여행보다 6개월간의 상해 생활이 나에게는 더 큰 영향을 주었다. 여행을 다니며 한 나라에 오래 머물면 최대 1개월 내지 2개월이었다. 유심을 구매해 사용하고 ATM기기에서 현금을 인출해 관광명소를 돌아다닌다. 현지 계좌를 만들 필요가 없다. 현지인의 생활방식에 녹아들고 싶지만, 그러기에 여행자는 단순히 스쳐 가는 나그네일 뿐이다. 나그네로서 단편적으로 느낀 타국의 인상으로, 타국의 문화에 대해서 감히 함부로 왈가왈부할 수는 없다. 여행자는 단순히 나그네일 뿐이다. 하지만 6개월간의 현지 생활에서는 감히 그들의 문화와 생활방식을 맛보았다고 말할 수 있었다. 그랬기에 더 많은 것이 보였고, 더 많은 것을 생각하게 되었다. 그것들을 상해 일지라는 이름으로, 기록한다.

#1   그래서 나름,
28살의 상해 생활이 훈훈했다

상해로 온 지 어느덧 한 달이 넘었다. 인턴으로 왔지만 중국어를 유창하게 하는 것이 아니므로 한 달 정도의 어학연수 시간을 가졌다. 상해 대외 경무대학교에서 어학연수를 받으면서 대학교 내의 외국인 기숙사에서 지냈다. 2인 1실을 사용했는데 나쁘지 않았다. 공간도 넓고, 햇빛도 잘 들어오고, 화장실 수압도 좋았다.

상해에 도착한 첫날, 기숙사 방을 같이 사용할 룸메이트를 만났다. 북경에서 1년을 유학한 친구였기에 중국어를 매우 유창하게 잘했다. 룸메이트 덕분에 핸드폰 개통과 생활용품 구입 및 중국은행 계좌 개설까지 한 방에 해결하며, 초기 정착하는 데 많은 도움을 받았다.

어학연수 수업은 오전 9시에서 낮 12시까지, 하루에 총 3시간 정도 진행했다. 한국에서 6개월간 중국어를 배웠지만, 첫날 수업에서 아무것도 들리지 않아서 큰 멘붕이 왔다. 그래서 10일간 쉬는 춘절 기간에 여행을 포기하고 공부에 매진했다. 언어를 배울 때, 구조를 파악하는 것이 먼저라고 생각했다. 그래서 문법 1권을 다 보았다. 하지만 나의 가장 큰 문제는 성조였다. 개인적으로 중국어 성조가 너무 어려웠다. 내가 중국어를 하면 상해 사람들은 대부분 내가 남쪽에서 왔냐고 물어보았다.

수업 이후는 바로 점심시간이다. 같이 인턴으로 온 친구들과 함께 점심을 먹으러 다녔다. 약 2주 동안 중국의 다양한 음식을 먹으러만 다녔다. 다행히 일행 모두 중국 음식이 입에 잘 맞고 현지 음식들을 좋아했다. 내가 가장 즐겨 먹었던 음식은 훈둔과 마라샹궈 그리고 마라탕이다. 훈둔의 담백함과 마라샹궈의 매콤함 그리고 마라탕의 얼큰한 국물! 특히 마라탕을 먹을 때 무조건 마장 소스와 함께 먹었다. 마장은 땅콩버터 소스와 비슷한 중국의 소스로 고소한 맛이 일품이다. 마라탕 자체에 마장이 들어가서 나오지만 나는 별도로 마장 소스를 주문했다. 마라탕을 맛있게 먹는 법은 건더기를 마장 소스에 찍어 입에 넣고 동시에 마라탕의 국물 한 모금도 같이 먹는 것이다. 그럼 마장의 고소한 풍미가 입안에 가득 퍼지며, 끝 맛은 국물의 얼큰함으로 마무리할 수 있다. 그렇다고 먹기만 한 것은 아니었다.

날이 좋은 날에는 인턴으로 온 친구들과 같이 산책도 하면서 상해 이곳저곳을 함께 돌아다녔다. 상해박물관을 시작으로 난징동루를 걸으며 아이 러브 상해 간판을 배경으로 사진을 찍었다. 상해에서 유명한 릴리안 에그타르트를 사 먹고, 배를 타고 푸동 강을 건너며 와이탄의 야경을 눈에 담았다. 동방명주 밑에 다시 서 보고 디즈니 선물 가게에서 사진을 찍으며 재미있게 놀았다. 예원에서 열리는 등 축제를 기대하며 예원으로 갔지만 끝물에 가서 살짝 맛만 보고 그대로 신천지를 향해 걸어갔다. 그러면서 상해 저녁의 낭만을 즐겼다. 돌아오는 길에는 기숙사 근처에 위치한, 신장 사람들이 운영하는 양꼬치 집에서 양꼬치와 맥주로 마무리했다. 그날의 분위기가 아직도 생생하다.

2년 전에 혼자 상해에 와서 이곳저곳을 여행했었다. 그 당시에는 상해를 다시 올 것이라고 생각도 못 했지만 다시 오게 되었다. 개인적으로 상해에서 다양한 인연을 만났다. 기존의 추억이 있던 곳에 새로운 인연들과의 추억이 포개졌다. 나는 좋은 사람들과 좋은 시간을 보내고 있었다. 그래서 나름, 28살의 상해 생활이 훈훈했다.

#2 씨트립(Ctrip),
인턴을 시작하기까지의 고뇌

나는 상해에 인턴으로 근무하기 위해서 왔다. 약 한 달간의 어학연수를 마치고 에이전시와 함께 인턴으로 근무할 회사를 선별하기 시작했다. 객관적으로 나의 중국어 실력은 많이 부족했고 영어는 중상 정도 되었다. 중국어가 상당히 부족하므로 중국 회사에서 일하는 것은 불가능했다. 선택은 둘 중 하나였다. 중국 내 한국인 회사로 들어가던지, 다국적 기업으로 들어가던지! 당연히 다국적 기업을 선택했다. 그러면서 '씨트립(Ctrip)'을 알게 되었고 인턴으로 지원했다. 씨트립은 다국적 기업이라 기본적인 의사소통은 영어로 한다. 하지만 나는 씨트립 내 국제부의 한국 팀에 소속되어 한국말로 의사소통을 했다.

씨트립은 큰 회사다. 단순히 온라인 여행사라고 생각한다면 큰 오산이다. 규모와 영향력이 한 나라의 여행수지에 큰 영향을 줄 정도로 매우 큰 글로벌 회사다. 씨트립에 이력서를 보낸 후 면접 일정이 잡혔다. 면접은 개인 PT로 자기소개를 하면서 시작했다. 이후, 팀장님과의 면담이 이뤄졌다.

내가 씨트립에서 할 일에 대한 안내가 있었는데 할 일은 번역이었다. 사전에 에이전시와의 면담을 통해서 주된 업무가 번역인 것은 알고 있었다. 번역 이외의 다른 일도 할 수 있다고 했기에 지원을 했다. 하지만 팀장님이 업무가 번역이라고 단정 지으니 금방 맥이 빠졌다. 팀장님과 많은 대화를 나누고 돌아오면서 여러 고민이 들었다. 솔직히 하는 일이 번역이라고 하니 확 끌리지 않았다. 4개월 동안 번역만 하고 가는 것은 아닌가? 라는 걱정도 들었기에, 선뜻 자신 있게 확답을 내릴 수 없었다. 다만, 씨트립 팀장님이 해준 말이 기억에 남았다.

"번역 업무를 하면서 다른 파트의 사람들과 함께 일을 진행하고 그 과정에서 다른 파트가 어떻게 진행되는지 볼 수 있다. 그러면서 다른 직무에 대한 견문도 넓힐 수 있다. 회사 내에서 어떻게 하는지에 따라 얻어 가는 것이 사람마다 다르다."

좋은 말을 많이 해주셨지만 가슴에 확 끌리지가 않았다. 결정적으로 나중에 자소서를 쓸 때, 인턴을 했는데 직무 경험에 쓸 말이 없을 것 같았다. 그러면서도 한편으로는, 현재 내가 번역이라는 단어에 갇혀서 보지 못하고 있는 것들이 있는 것은 아닌지 의문이 들었다.

씨트립 팀장님의 다음 질문이 인상 깊었다.

"인생에서 기회가 몇 번 오는데 그 기회를 잡는 사람이 몇이나 될까요?"

기회는 쉽게 오는 것도 아니고, 기회가 와도 그것이 기회인지 모르는 사람들이 있고, 기회인지 알아도 그 기회를 잡을 능력이 없는 사람이 있다고 한다.

나 스스로 생각해보았다. 나는 기회가 와도 그것이 기회인지 모르는 사람이지 않을까? 여행을 다니며 시야가 넓어졌다고 생각했지만, 내가 경험한 분야에서만 시야가 넓어졌다. 사실 직장 생활은 전무하니 그 분야에 관해서 나는 백지상태였다. 업무가 번역이라는 사실에 국한을 두고 다른 가능성을 사전에 차단하고 있지 않았나? 라는 생각이 들었다.

그래서 한 번 해보기로 했다. 4개월 동안 번역만 하고 갈지 아니면 번역 외 다른 일도 하고 갈지는 내가 회사에서 어떻게 하는지에 따라 달라질 것이다.

한 사진작가의 작품집에서 우연히 본 글귀가 생각난다. 그 글귀에는, 사람 만나는 것을 한 권의 책을 읽는 것에 비유했다. 사람들은 서로 다른 인생을 살아왔고, 그 살아온 스토리는 한 권의 책이다. 스토리에 따라 누구는 에세이, 누구는 소설, 누구는 잡지가 될 수 있다. 서로 다른 사람이 만나서 서로의 스토리를 듣는 것은 마치 한 권의 책을 읽는 것과 같다. 나는 지금까지 한 권의 여행 에세이였다. 이제 내 책에 새로운 테마를 넣을 때가 왔다. 바로 직장생활이었다. 그 시작의 첫 카테고리는 씨트립 인턴이었다. 스스로 꽹장히 기대가 됐다. 씨트립 인턴을 마치고 나면, 씨트립이라는 카테고리 속에 어떤 경험과 이야기를 담아 갈지.

#3 씨트립,
다양한 국제화 프로젝트에 참여하다

씨트립에서 4개월간의 인턴 생활이 끝났다. 씨트립 홈페이지에서 중국어로 된 호텔 이름, 용어, 리뷰 등을 영어로 1차 번역 후, 한국어로 재번역하며 콘텐츠를 관리했다. 다국적 기업답게 타 문화에 대한 소개와 문화 교류를 하는 프로젝트를 많이 진행했다. 씨트립 인사팀과 협력해 한국 문화 콘텐츠를 만들어서 씨트립 자체 미디어를 통해 사내에 홍보했다. 씨트립에서의 인턴 생활은 단순히 번역 일만 하고 끝나지는 않았다. 4개월간 있으면서 내 우려와는 반대로 다채로운 경험을 할 수 있었다.

씨트립이 중국 내에서 빠르게 성장할 수 있었던 이유에는 여러 가지가 있다. 내가 일하면서 본 이유 중 하나는 국제화다. 씨트립은 글로벌 여행사답게 각 나라에 대한 정보 수집과 문화에 대한 이해를 높이기 위해 노력했다. 그 결과 같은 내용을 번역해도, 각 나라의 단어가 풍기는 뉘앙스와 정서까지 고려하며 번역을 했다. 그런 표현은 그렇지 못한 표현보다 참으로 정갈했다. 이러한 배경 속에서 씨트립은 각 나라 현지인을 영입했고 자연스레 다국적 기업으로 성장했다.

단순히 외국인이 회사에서 근무하는 사실 자체만으로 다국적 기업이 되지는 않는다. 직원들이 같이 일하는 동료 나라에 대한 문화를 이해하고 받아들일 수 있을 때, 진정한 다국적 기업으로의 면모를 갖춘다고 생각한다. 이런 차원에서 씨트립은 회사 자체적으로 직원들이 동료 나라의 문화를 이해할 수 있는 프로젝트를 많이 준비한다. 나는 한국인으로서 그 프로젝트들에 참여했다.

먼저, 세계문학의 날을 맞이해 '월드 리터러처 프로젝트(World literature Project)'에 외국인 게스트로 참여했다. 내가 감명 깊게 읽은 한국 책을 중국 사람들에게 영어로 소개하는 자리였다. '컬추럴 익스체인지 프로젝트(Cultural exchange Project)'는 중국에 없는 한국만의 문화를 소개하며 한국인으로서 중국에 와서 느낀 점을 소개하는 문화교류 시간이었다. 한국 외에도 뉴질랜드와 러시아 등의 나라도 참여했다. 씨트립 회사 내에는 사내 방송 시스템이 있어서 인터넷 방송으로 발표를 했다. 씨트립의 많은 직원에게 라이브로 방송하면서 실시간 댓글이 달리면 그에 대해 대답하며 소통했다. 씨트립 사내 잡지인 '컬러풀 매거진(Colorful Magazine)'에 한국 문화에 관한 기사도 실었다. 나를 포함해 당시 인턴을 하고 있는 4명의 친구와 함께 주제를 분담해 기사를 작성했다. K팝 스타, 한복, 한국 카페 문화 그리고 한국 프로게이머에 관해 다뤘다.

씨트립은 직원들의 영어 수준과 타 문화에 대한 이해를 높이기 위해서 많은 프로젝트를 개발하고 노력한다. 대부분의 프로젝트는 점심시간에 진행해 업무에도 큰 지장이 없다. 프로젝트를 통해 직원들 간에 자연스레 서로 친분도 쌓으며 외국인 친구도 사귈 수 있다. 번역만 하고 갈 줄 알았던 씨트립에서 4개월간 다양한 경험을 할 수 있었다. 그 기회를 준 씨트립에게, 감사함을 느낀다.

#4 중국의 공유경제를
   피부로 느끼다

상해에 처음 도착해서 필요한 것들을 하나둘씩 만들어갔다. 은행에 가서 계좌를 개설하고 핸드폰을 개통했다. 필요한 현금을 인출해 식당에 들어갔다. 식당에서 밥을 먹고 계산하기 위해 줄을 섰다. 앞의 중국 사람들은 계산 방식이 신기했다. 현금을 내지 않았다. 카드도 내지 않았다. 핸드폰으로 식당에 있는 QR 코드를 스캔해 계산했다. 룸메이트에게 물어보니 SNS를 통해서 결제를 하는 것이라고 말했다. 순간 두 귀를 의심했다. 어떻게 SNS를 통해서 결제를 하는지 이해가 되지 않았다. 원리는 간단했다. 먼저 개인의 SNS 계정과 은행 계좌를 연동한다. 개인의 SNS 계정으로 QR 코드를 스캔하면, 연동된 개인의 은행 계좌에서 돈이 빠져나가는 시스템이다. 신선했다.

중국은 위조지폐가 많기에 사람들이 점점 종이 화폐를 사용하지 않는다고 했다. 그 대안으로 전자결제 시스템이 개발됐고 SNS를 활용한 전자결제 방식이 보편화됐다. 실제로 사용해보니 나 또한 전자결제가 매우 편리했다. 중국의 SNS는 중국 사람들이 대부분 사용하는 '위챗(Wechat)'이다. 현재 한국 사람들은 카카오톡을 사용한다. 카카오톡은 카카오 페이 서비스를 제공하며 전자결제에 필요한 시스템을 구축해 가고 있다. 이런 추세라면, 한국도 머지않아 대중적인 결제 시스템이 전자결제로 바뀔 것으로 예상된다. 5년 내로 대부분의 한국 식당에

QR 코드가 생기고 핸드폰으로 QR 코드를 스캔해 전자결제를 하는 손님들의 모습을 상상해본다.

　상해에서 이동 시, 공유 자전거를 많이 사용했다. 출발지에서 공유 자전거를 타고 이동해 목적지에서 공유 자전거를 주차했다. 내가 주차한 자전거는 다른 사람의 필요에 의해 다시 사용된다. 유휴자원을 필요한 사람들끼리 공유하며 경제적 가치를 창출하는 공유 경제. 상해에서 가장 신선한 경험이 공유 경제였다. 현재 중국은 가족을 제외한 모든 것을 공유한다고 할 정도로 공유 경제가 잘 발달해 있다. 자전거를 공유하는 공유 자전거 '오포', 집을 공유하며 같이 생활하는 셰어하우스 '쯔루', 오피스를 공유하는 중국판 위워크인 '유어워크', 차량을 공유하는 중국판 우버인 '디디추싱'. 중국 일상의 많은 부분에 공유경제가 녹아 있었고 그 편리함에 감탄했다.

　공유 경제를 피부로 느끼며 내 주변의 어떤 것을 공유할 수 있는지 생각해보게 되었다. 가장 먼저 떠오른 것은 게스트하우스였다. 집을 공유하는 것. 호주 워킹 홀리데이 당시 생활했던 숙소는 셰어하우스였다. 방 하나에 침대 3개를 놓고 생활공간을 공유했다. 지구를 한 바퀴 돌면서 수많은 게스트하우스를 다녔다. 내가 그동안 가장 많이 접촉하며 경험했던 공유는 집이었다. 자연스럽게 집이라는 주거공간과 공유경제를 연계하며, 나만의 청사진을 그리기 시작했다.

#5 나의 낭만,
게스트하우스

중국에서 인턴 생활이 마무리되는 시점에서 현실적인 고민에 들어갔다. 내 나이 28살! 이제는 일을 해야 했다. 국내 취업을 할지 해외 취업을 할지에 대한 고민부터 시작했다. 결론부터 말을 하면, 한국으로 돌아가서 취업해 일을 하고 중국에서 호텔을 지어 올리고 싶다. 이런 결정을 내리기 전에, 먼저 흰 수첩에 직선을 긋고 나의 인생 그래프를 그려 보았다. 인생 그래프를 통해 내가 현재까지 어떻게 살아왔는지 돌아보았고, 앞으로 어떻게 살고 싶은지 생각했다.

재수를 해서 21살에 대학교에 들어오고 바로 군대를 가 23살에 전역했다. 24살에 세계여행을 떠나 2년간 지구 한 바퀴를 돌았다. 26살에 한국에 들어와서 여행을 다니며 하고 싶었던 강연 및 아프리카 기부 등을 해왔다. 28살에 상해에서 해외 인턴 생활을 마무리하고 있었다. 현재까지 하고 싶은 것을 하면서 후회 없이 20대를 보냈다. 이때까지는 잘 살아왔다. 앞으로 무엇을 하며 어떻게 잘 살아갈지가 문제였다.

나는 세계일주를 마치고 난 후 또 하나의 낭만이 생겼다. 신혼여행으로 세계일주를 하고, 훗날 배우자가 살고 싶은 여행지에서 게스트하우스를 운영하며 노년을 보내고 싶었다. 게스트하우스를 하고 싶은 이유는 사람들과 만나서 미주알고주알 이야기하는 것이 좋았기 때문이다. 눈 내리는 겨울밤, 따뜻한 난로에 오순도순 모여 앉아서 세계에서 온 여행자들과 함께 이야기하는 분위기가 참으로 좋았다. 그것을 배우자가 살고 싶은 여행지에서 함께하고 싶었다.

더불어 게스트하우스를 결심하기까지, 내가 여행한 2년간의 세월도 크게 영향을 미쳤다. 사람은 인생을 살면서 크게 2번의 공부를 한다고 한다. 수능과 직업에 필요한 공부. 사실 취업에서 말하는 스펙은 직무를 수행하는 데 필요한 최소한의 자격요건이다. 그런데 나는 2년이라는 시간 동안 세계를 여행하며 세계의 게스트하우스 탐방을 끝냈다. 게스트하우스 사장이 되기에 필요한 스펙을 충분히 쌓은 셈이다. 그간의 여행 경험을 비추어 볼 때, 나만의 게스트하우스에는 다른 게스트하우스에서 찾아보기 힘든 요소들을 가미하고 싶었다. 이렇게 나만의 게스트하우스를 구상하고 있었다.

하지만 아이디어에는 유효기간이 있다. 내가 지금 생각하고 있는 아이디어가 나만의 아이디어일 리는 없다. 혹여 그렇다 할지라도 시간이 흐른 뒤 현재 내 아이디어의 상품성은 많은 변수로 인해 가치가 떨어질 수 있다. 변수로는 기술의 발전 및 사회적 통념 등 여러 가지가 있다. 아이디어는 시간이 생명이다. 그렇기에 막연히 노후에 게스트하우스를 하고 싶다는 생각을 조금 앞당길 필요가 있었다.

배우자가 살고 싶은 여행지에서 게스트하우스를 열고 싶었지만, 상해에서 지내고 나니 개인적으로 상해에서 게스트하우스를 열고 싶었다. 중국 시장과 6개월간의 상해 체류 경험 때문이다. 먼저, 중국 시장을 무시할 수 없었다. 중국의 경우 게스트하우스의 주요 타깃이 세 층으로 분류된다. 보통 한국에서 게스트하우스를 하면 주요 타깃을 외국인과 한국인으로 잡는다. 중국은 외국인과 중국인 그리고 중국으로 여행 오는 한국인까지 총 세 층으로 잡을 수 있다.

동양인이 서양에 가보고 싶어 하듯이 서양인도 동양에 와보고 싶어한다. 대부분의 외국 사람들이 중국 여행을 떠올리면 북경과 상해 두 도시를 떠올린다. 그만큼 북경과 상해는 외국인에게 친숙한 도시다. 중국 여행 시 필수로 방문하는 곳에 상해가 들어간다. 동시에 중국은 내수 시장도 잘 발달돼 있다. 한국 사람들이 내일로 여행을 하듯이 중국 사람들도 내륙을 여행한다. 다른 성(成)에 살고 있는 사람들이 상해로 여행을 온다. 이 경우, 이들은 게스트하우스에 머무른다. 중국 내수 시장은 상당히 크다.

더불어 6개월간 상해에 머물면서 주말마다 상해의 곳곳을 돌아다녔다. 그 일정을 개인 블로그에 모두 기록했다. 지금 당장 게스트하우스를 시작해도 독자적인 상해 관광 코스를 만들 준비가 끝났다. 만약 다른 나라의 다른 도시를 선택한다면 시장조사를 하는 데 있어 별도의 시간과 비용이 필요하다. 이런 점에서 상해는 충분히 시간과 비용을 벌고 들어가는 장점이 있다. 이러한 이유로 상해에서 게스트하우스를 하고 싶었지만 현실적으로 지금 당장 시작하기에는 무리였다. 먼저 자본도 없었고 낭만을 좇아 뛰어들기에 중국은 만만치 않은 시장이었다. 좀 더 구체적인 계획과 공부가 필요했다. 동시에 다시 오랜 기간 동안 해외에 나와 있기에는 부모님도 가슴 한 편에 걸렸다.

어느 날, 씨트립에서 일을 마치고 기숙사로 돌아오고 있었다. 그날이 어버이날이라서 부모님께 SNS로 통화를 걸었다. 서로의 안부를 확인하며 대화를 나누었다. 어버이날이기에 무엇을 했는지 물어보니 동생이 맛있는 것을 사줘서 저녁을 같이 먹고 있다고 했다. 무엇을 먹는지 물어보니 치킨이라고 대답했다. 어머니의 맛있는 음식이 치킨이라는 대답을 듣는 순간, 가슴 한편에서 묵직한 것이 올라왔다.

　당시 내 나이 28살, 부모님은 환갑을 넘었다. 어버이날에 부모님을 모시고 맛있는 외식 한 번 못 해본 사실이 슬펐다. 맛있는 것이 치킨이라는 어머니의 대답에 씁쓸함을 느꼈다. 치킨을 무시하는 것은 아니지만 세상에 맛있는 음식들을 그동안 왜 나만 먹고 다녔는지…. 부모님에게 미안한 마음이 들었다. 그동안 내 인생만 살았다는 것을 알게 되었다. 효도가 다른 것이 아닌데, 너무 부모님을 챙기지 못했다는 죄책감이 들었다. 한국에 돌아가 취업을 하면 한 달에 한 번씩 부모님을 모시고 맛집을 돌아다니며 외식을 하고 싶었다. 그날 부모님과 통화 후 한 다짐이었다. 나는 점점 국내에서 취업하는 방향으로 마음을 굳히고 있었다.

#6 일생의 꿈,
더 이터널 모멘트 호텔(The Eternal Moment Hotel)

중국에서 인턴을 마치고 한국으로 바로 귀국하기 전에 홍콩 여행을 했다. 홍콩을 여행하면서 마카오에 방문했다. 씨트립에서 호텔 리뷰를 번역하면서 꼭 한번 가보고 싶은 호텔들이 마카오에 있었기 때문이다. 더 베네치안 마카오 리조트 호텔(The Venetian Macao Resort Hotel, 이하 베네치안 호텔)과 더 파리지앵 마카오(The Parisian Macao, 이하 파리지앵 호텔)였다. 베네치안 호텔에는 이탈리아 물의 도시 베네치아가 그대로 옮겨져 있었다. 베네치아를 상징하는 대운하와 곤돌라를 호텔 내부에서 볼 수 있었다. 파리지앵 호텔도 작은 파리를 연상케 했다. 파리의 상징인 에펠탑이 파리지앵 호텔 바로 앞에 세워져 있었다. 호텔 내부에도 파리의 감성을 느낄 수 있는 쇼핑거리가 들어서 있었다.

파리지앵 호텔의 경우, 로비에서 가장 큰 인상을 받았다. 크기도 크기지만 로비의 벽면과 돔을 장식하고 있는 각각의 명화는 감히 루브르 박물관을 연상케 했다. 이 정도 퀄리티의 시설이라면 나 또한 하루 숙박비로 얼마를 내도 아깝지가 않다고 생각했다. 이런 느낌을 주는 것이 바로 서비스라고 생각했다. 서비스는 가격이 측정돼 있지 않고 부르는 것이 값이다. 설령 호텔 서비스의 값이 다소 비쌀지라도 자신을 위해 그 정도의 가격을 못 낼 사람은 없어 보였다.

세계에는 유명한 체인 호텔들이 정말로 많다. 그렇다면 같은 5성급의 호텔이라도 사람들이 특정한 호텔을 찾는 이유는 무엇일까? 바로 그 호텔에서만 누릴 수 있는 것이 있기 때문이다. 그것이 바로 그 호텔의 아이덴티티라고 생각한다. 요즘 시대에 사람들은 더 이상의 블루오션은 없다고 한다. 하지만 나는 레드오션에서 살짝 차별화를 주면, 그것이 곧 블루오션이 된다고 생각한다. 그 차별화는 아이덴티티다. 자신만의 고유한 아이덴티티가 분명히 녹아져 있으면, 그것이 곧 차별화가 되며 승부를 볼 수 있다.

이 두 호텔을 방문하고 나니 각 호텔의 아이덴티티가 무엇인지 바로 알 수 있었다. 베네치안 호텔은 이탈리아 물의 도시 베네치아였으며, 파리지앵 호텔은 프랑스의 파리였다. 베네치아와 파리를 가지 않고 마카오에만 방문해도 두 도시의 특색을 온전히 느낄 수 있었다.

마카오의 베네치안 호텔과 파리지앵 호텔은, 각 호텔에서만 볼 수 있는 아이덴티티가 녹아져 있기 때문에 세계적인 호텔이 될 수 있지 않았을까? 그래서 나도 고유의 아이덴티티를 녹여낸 하나뿐인 호텔을 만들고 싶었다. 바로 세계에서 가장 긴 호텔이다. 영원한 순간만큼 긴 것이 또 있을까. 그래서 이름은 다음과 같다.

"더 이터널 모멘트 호텔(The Eternal Moment Hotel)."

세계에 높은 호텔은 많지만 아직까지 가로가 긴 호텔을 특징으로 삼은 호텔은 보지 못했다. 가로가 가장 길기에 많은 것을 할 수 있다. 먼저, 호텔을 세계적인 패션쇼의 상징으로 만들고 싶다. 런웨이가 가장 긴 패션쇼를 열기에 톱(Top) 중의 톱 모델만이 무대에 설 자격이 주어진다. 호텔에서 런웨이를 했다는 자체만으로 톱 모델로서의 검증이 끝난다. 그런 세계적인 패션쇼를 호텔에서 열고 싶다. 더불어 패션쇼가 열리는 양옆의 쇼핑거리에는 세계적인 명품 브랜드 상점들이 일렬로 입점해 있다. 수많은 상점이 입점해있는 만큼 호텔에서 명품을 구하지 못하면 어디에도 명품은 없는 것이다. 이 정도 수준의 호텔을 만들고 싶다는 뜻이다.

객실은 기존 호텔의 룸 타입에서 탈피하고 싶다. 한국의 한옥, 일본의 다다미, 몽골의 게르 등 각 나라의 전통가옥을 모티브로 한 룸을 제시하고 싶다. 호텔 내에 세계 곳곳의 거주 문화를 경험할 수 있는 공간을 만들고 싶다.

이런 생각들이 떠오름과 동시에 내가 그동안 갖고 있던 생각들의 조각이 맞춰지면서, 일생의 꿈이 하나 생겼다. 신혼여행으로 배우자와 세계일주를 하고, 훗날 중국 상해에서 게스트하우스를 시작으로 숙박업을 해, 결국 '더 이터널 모멘트 호텔'을 세우는 것이다. 끝으로 이 스토리를 갖고 서울월드컵경기장에서 관중을 가득 채워 토크콘서트를 열고 싶다.

지금 당장 상해에서 게스트하우스를 차리는 것은 현실적으로 힘들다. 중국에 대한 충분한 시장조사는 물론, 자본금도 필요하다. 탄탄히 준비할 시간이 절대적으로 필요하다. 자연스럽게 아나운서보다는 호텔을 세운다는 꿈이 더 매력적으로 다가왔고, 숙명처럼 느껴졌다. 한국에 돌아와서 아나운서 준비 대신 취업 준비에 들어갔다. 현재, 회사에서 근무하고 있지만 가슴속에는 늘, 일생의 꿈을 품고 있다.

Epilogue
30대를 시작하며 인생의 청사진을 그려본다

호텔을 세운다는 이야기는 누구에게는 막연하게 들릴 수 있다. 하지만 나에게는 숙명처럼 다가온 일이기에, 일생의 꿈처럼 추진하고 싶다. 그 꿈을 맞이하는 첫 30대를 시작하며 인생의 청사진을 그려본다.

단순히 개인이 중국에서 게스트하우스를 오픈해 훗날 호텔을 세운다는 것은 한 편의 몽상이다. 이 몽상이 현실이 되기 위해서는 좀 더 계획을 구체화할 필요가 있다. 중국에서 외국인 개인이 사업을 하기에는 많은 제재가 있다. 통상적으로 외국인 개인사업자가 중국에 진출 시, 믿을 만한 중국인을 바지사장으로 세우고 실질적인 경영은 외국인이 하는 구조로 진출을 하는 것으로 알고 있다. 개인적으로 중국에 알고 지내는 중국 사람들이 있지만, 그분들의 명의하에 게스트하우스를 오픈하는 것이 과연 가능할까 라는 질문에는 확신할 수 없다. 그렇다면 답은 성해져 있다. 중국에 개인이 아닌 법인으로 진출하는 것.

법인으로 진출한다면 과연 어떤 종류의 법인을 세울 것인가? 바로 게스트하우스 법인이다. 국내에서 게스트하우스 1호점을 시작으로 5호점까지 오픈하는 것이 목표이다. 법인명은 내 영어 이름을 넣은 '로윈(Rowin) 하우스'다. 국내에서 5호점까지 게스트하우스를 오픈하며 쌓은 경험과 데이터를 바탕으로 중국에 진출한다. 상해에 진출한 로윈 하우스는 한국 로원 하우스의 중국 법인 지부로써 진출한다.

중국 시장의 진출을 염두에 두고 있는 나는 앞으로 갖춰야 할 역량들이 많이 있다. 먼저 중국어 회화를 시작으로 부동산에 관한 공부까지, 모두 게을리할 수 없다. 더불어 2020년부터 중국에서 새롭게 적용되는 '외상투자법'과 같은 중국 경제 트렌드도 꾸준히 파악하고 있어야 한다. 나는 현재 이러한 인생의 청사진을 그리며 다가오는 30대를 준비하고 있다. 나의 계획들이 30대에서 시작할지, 40대에서 시작할지, 아니면 50대에서 시작할지는 나조차도 모르겠다. 모든 일에는 때가 있기 때문이다.

성경의 잠언 16장 9절 말씀이 생각난다.

'사람이 마음으로 자기의 길을 계획할지라도 그 걸음을 인도하는 자는 여호와시니라.'

내가 아무리 내 삶을 기획한다고 할지라도 하나님의 인도가 있어야 그 길을 가는 것이 가능하다는 것을 알기에, 기도하며 준비하고 노력할 뿐이다. 나의 계획이 현실이 될지 몽상에서 끝날지는 시간이 흐르면 자연스레 알 수 있다. 인간으로서 나의 몫은 몽상이 실제 현실이 되도록 최선을 다하며 노력하는 것이다. 적어도 기회가 왔는데, 준비가 되어 있지 않아서 놓치고 싶지는 않다. 그렇기에 스스로 인정할 정도로 차원이 다른 노력을 할 것이다.

약 25년 뒤, 20대를 맞이한 나의 자식들이 이 책을 읽고 있을 시점에 나는 무엇을 하고 있을까? 현재 직장에서 승진을 하여 부장급의 직급을 달며 계속 다니고 있을까? 아니면 중국에서 더 이터널 모멘트 호텔을 세워서 운영하고 있을까?

처음 세계일주를 한다고 했을 때가 생각난다. 사람들의 반응은 긍정적인 응원보다는 현실적인 우려가 더 많았다. 여행이 끝나고 책을 쓴다고 했을 때, 사람들은 응원을 해줬다. 하지만 1년이 흘러 2년이 되고 2년이 3년이 되어갈 쯤, 나의 책은 사람들에게 막연한 신기루처럼 여겨졌다. 사람들에게 잊힐 쯤, 나의 책이 출간됐다. 사실 다른 사람들의 머릿속에서 나의 꿈이 흐려졌을 뿐이지, 나는 여전히 꿈을 살아내고 있는 중이었다.

그리고 지금은, 호텔을 세운다는 꿈을 꾸고 있다.

나도 잘 안다. 나의 꿈이 참으로 현실적이지가 않다는 것을.

그런데 어떻게 현실적인 꿈만 꾸며 살 수 있을까.

이미 꿈이 현실적이면, 그것은 꿈보다는 계획이지 않을까.

꿈이 아직은 이상적이기에, 우리는 그 꿈을 살아내려고 노력을 하는 게 아닐까.

그 꿈을 살아내든지
아니면 평생 꿈만 꾸든지는 각자의 선택에 맡기며
이만 글을 마친다.

꿈을
살아내든지,
꿈만
꾸든지

초판 1쇄   2020년 1월 27일
지 은 이   송범석
펴 낸 곳   하모니북

출판등록   2018년 5월 2일 제 2018-0000-68호
이 메 일   harmony.book1@gmail.com
전화번호   02-2671-5663
팩   스   02-2671-5662

979-11-89930-30-1 03990
ⓒ 송범석, 2020, Printed in Korea

값 17,600원

이 도서의 국립중앙도서관 출판예정도서목록(CIP)은 서지정보유통지원시스템 홈페이지(http://seoji.nl.go.kr)와
국가자료공동목록시스템(http://www.nl.go.kr/kolisnet)에서 이용하실 수 있습니다.
CIP제어번호 : CIP2019052523